ÉTUDES DE RYTHMIQUE ET D'ESTHÉTIQUE

DU MODE MINEUR

DANS

LE RYTHME

PAR

RAOUL DE LA GRASSERIE

DOCTEUR EN DROIT
JUGE AU TRIBUNAL DE RENNES, MEMBRE DE LA SOCIÉTÉ DES GENS DE LETTRES,
DE LA SOCIÉTÉ DE LÉGISLATION COMPARÉE ET DE LA SOCIÉTÉ
DE LINGUISTIQUE DE PARIS, DE LA SOCIÉTÉ
ROYALE ASIATIQUE ET DE LA SOCIÉTÉ PHILOLOGIQUE DE LONDRES,
DE LA SOCIÉTÉ ORIENTALE D'ALLEMAGNE

VANNES
LAFOLYE, ÉDITEUR

1892

AUTRES OUVRAGES LITTÉRAIRES DU MÊME AUTEUR

POÉSIES

Hommes et singes.
Jeanne d'Arc, (poème).
Bretonnes et Françaises.
Les Rythmes.
Les Formes.

PROSE

De la Césure.
Essai de Rythmique comparée.
De l'Evolution de la rythmique et de l'esthétique dans la poésie.
Du mode mineur dans le rythme.

EN PRÉPARATION

Le poème de la Cloche, (poèmes).
Les Sensations, (poésie).
Les Pensées, (poésie).
Les Sentiments, (poésies).
Les Etrangères, (poésies).
De l'Allitération.
De l'assonance, de la rime et de l'euphonie.
Des unités rythmiques supérieures aux vers.
Psychique de la Poésie.
De la classification des Arts, de la Littérature et des Sciences.
Rythmiques séparées des différentes nations civilisées :
I. Rythmique romane, y compris la rythmique française. — II. Rythmiques latine et gréco-latine. — III. Rythmique celtique. — IV. Rythmique germanique et linéaments de rythmique slave. — V. Rythmique védique et sanscrite. — VI. Rythmique des nations musulmanes. — VII. Rythmique chinoise. — VIII. Rythmiques incomplètement connues.

Reproduction interdite aux journaux qui n'ont pas traité avec la Société des Gens de Lettres.

ÉTUDES DE RYTHMIQUE ET D'ESTHÉTIQUE

DU MODE MINEUR

DANS

LE RYTHME

PAR

RAOUL DE LA GRASSERIE

DOCTEUR EN DROIT
JUGE AU TRIBUNAL DE RENNES, MEMBRE DE LA SOCIÉTÉ DES GENS DE LETTRES,
DE LA SOCIÉTÉ DE LÉGISLATION COMPARÉE ET DE LA SOCIÉTÉ
DE LINGUISTIQUE DE PARIS, DE LA SOCIÉTÉ
ROYALE ASIATIQUE ET DE LA SOCIÉTÉ PHILOLOGIQUE DE LONDRES,
DE LA SOCIÉTÉ ORIENTALE D'ALLEMAGNE

VANNES
LAFOLYE, ÉDITEUR
—
1892

Au Maître, à Eugène Manuel,

Ce livre est respectueusement dédié.

RAOUL DE LA GRASSERIE.

Avec les Fromages de S.¹
antoine

LE MODE MINEUR

DANS LE RYTHME

L'instinct peut quelquefois être un guide sûr, et précéder l'investigation précise et à plus forte raison la construction déductive qui ne peut être solide que comme œuvre dernière. Dans nos études rythmiques ou esthétiques, nous n'avons pas l'habitude de faire assister le lecteur à la *genèse des idées* que nous leur présentons après leur élaboration complète, et assimilables : ici il nous semble nécessaire de procéder autrement ; le titre de cette monographie paraîtra d'abord singulier, et il est bon qu'on se rende compte comment il nous a été *suggéré* et comment il s'est imposé à nous.

Il est impossible, en lisant certaines poésies après certaines autres, de n'être pas frappé d'un caractère commun à une partie d'entre elles, en opposition directe au caractère commun aussi des autres. Mais ce caractère est d'abord difficile à définir. Dire que les unes portent le cachet du bonheur ou des sentiments heureux, les autres l'empreinte de la tristesse, ne serait que superficiellement exact, car tous les sentiments heureux ne se rangent pas dans la même catégorie rythmique et ils arrivent souvent à sonner, de par le rythme, comme des sentiments tristes ; dire qu'ils ont alors un bonheur mélancolique serait s'approcher plus près de la vérité sans cependant coïncider avec celle-ci :

car l'impression n'est qu'*indirectement* dans le *sentiment* qu'on a voulu exprimer, elle est *directement* dans le rythme. Pour s'en convaincre, il n'y qu'à lire tel poème en langue étrangère imparfaitement connue et dont on s'efforcera de ne pas comprendre le sens : le rythme seul, le *mouvement du vers*, avertira qu'il faut le classer dans l'une ou dans l'autre de ces catégories.

C'est que dans l'une l'oreille éprouvera un plaisir, plein, direct, une *satisfaction entière*, qui ne lui laissera rien désirer, ni regretter, qui ne sera mêlée d'aucune sensation pénible, mais qui ne sera point non plus avivée par celle-ci, tandis que dans l'autre l'oreille éprouvera une sensation *plus intense*, un plaisir même peut-être plus vif, mais *point complet*, point satisfaisant, mélangé d'une impression pénible *cherchant quelque chose qui lui manque*.

De ces différents cas de *sensation auditive* naissent des différences de *sentiment psychique*. Dans le premier, la *satisfaction pleine de l'oreille* aura pour résultat celle provisoire du cœur et de l'esprit, quel que soit d'ailleurs le sujet traité. Si le poëte veut exprimer ainsi la douleur, il le pourra, mais alors cette douleur sera pleine, de développement normal, d'oscillation tranquille et large. Dans le second cas, la satisfaction comme tronquée, incomplète, de l'oreille aura aussi sa *répercussion* sur le sentiment, quel que soit le sujet d'ailleurs. On pourra bien exprimer la joie, mais une *joie particulière*, aiguillonnée par un regret ou un désir nouveau, point en pleine jouissance et possession d'elle-même, et *dont le courant sera à chaque instant interrompu*, ce qui, du reste, peut ne la rendre que plus vive.

Pour ne pas rester dans les abstractions donnons tout de suite un exemple frappant. C'est le fameux distique d'Ovide.

  Donec eris felix, multos numerabis amicos ;
  Tempora si fuerint nubila, solus eris.

Le *contraste* de ces deux vers n'est pas seulement dans les idées, il est dans le rythme même. *Le pentamètre est une double mutilation de l'hexamètre* ; de là son rythme élégiaque ; nous verrons bientôt de plus près comment cette mutilation peut donner ce rythme.

Mais ce qui est certain, c'est l'impression rythmique toute différente de ces deux vers.

Après avoir parcouru un certain nombre de poèmes, nous parvînmes sans aucune difficulté à les classer dans l'une ou l'autre catégorie ; ils sonnaient tous de deux manières bien différentes. Ceux qui nous procuraient une sensation complète, pleine, finie au point de vue rythmique, un sentiment entier, non mélangé de sentiments contraires au point de vue psychique, reçurent provisoirement de nous le nom de *majeurs* ; ceux, au contraire, qui nous procuraient une sensation incomplète, inachevée, tronquée au point de vue rythmique, un sentiment non fini, mêlé ou arrêté au point de vue psychique, reçurent provisoirement le nom de *mineurs*.

Mais comment définir exactement ces deux termes ? Pour quelle raison tels rythmes se trouvaient-ils classés instinctivement dans l'une ou l'autre des deux classes ? Quelle application générale une telle division pouvait-elle avoir dans les sciences ou dans les arts ? Ces questions restaient sans réponse.

C'est alors que les nombreuses ressemblances du *rythme musical* et du *rythme poétique* nous vinrent à la pensée, et nous nous demandâmes si la musique ne nous fournirait pas l'explication du problème.

En musique il existe deux modes, le *mode majeur* et le *mode mineur* ; toutes les œuvres musicales se rattachent à l'un ou à l'autre. N'y aurait-il pas *concordance* dans ces deux modes entre la musique et la poésie ?

D'abord, ce qui était facile, il s'agissait de rechercher quel était l'effet produit par ce mode mineur en musique, et de savoir s'il est identique à celui produit par le même mode en poésie. Or, sur ce point aucun doute. Tous les morceaux conçus en gamme mineure ont un caractère net qui les distingue des autres *à première audition* ; ils ont tous une teinte mélancolique très prononcée, inspirent des sentiments beaucoup plus graves, enfin donnent une émotion identique à celle que procurent les vers que nous avions qualifiés de mineurs. De même que le rythme des vers précités, la gamme mineure est construite avec moins de régularité, de netteté, de simplicité que la gamme majeure. Elle n'a pas la même assiette, et elle étonne d'abord quelque peu l'oreille. On serait tenté de croire que c'est un produit moderne, hystérogène, une dérivation de la gamme majeure, quoiqu'il n'en soit rien ; mais telle est l'impression ; cette gamme n'est pas aussi normale que la gamme majeure.

Il y a encore cette différence entre les deux modes en musique, que le mode mineur est plus fréquent chez les peuples primitifs ou peu civilisés et dans les chansons populaires; il disparaît peu à peu lorsque la musique devient plus savante, jusqu'à ce que celle-ci, plus parfaite, le reprenne à son tour et emploie alternativement l'un et l'autre mode, suivant les impressions qu'elle veut donner.

Telle est la *fonction du mode mineur en musique;* mais *mécaniquement* en quoi consiste-t-il ? Si ce mécanisme en musique nous est connu et si nous en dégageons le principe, peut-être, consultant l'analogie, pourrons-nous trouver aussi ce mécanisme rythmique en poésie.

La gamme dans le *mode majeur se caractérise par la tierce au-dessus de la tonique*. Cette tierce doit se composer de *deux tons complets*, c'est ce qui lui fait donner le nom de majeure. En d'autres termes, ce qui *détermine* le mode d'une gamme, c'est sa *base*, et sa base se compose des *deux intervalles* entre sa première et sa deuxième note, entre sa deuxième et sa troisième. En effet, pour établir une proportion quelconque, un rapport quelconque, il faut, au moins, deux valeurs, *les valeurs sont ici les deux intervalles*. Pour que l'oreille et l'esprit soient pleinement satisfaits, il faut entre ces valeurs une égalité, soit deux valeurs égales. Dans la gamme majeure, les deux premiers intervalles sont égaux, la satisfaction est donc complète. Entre le *do* et le *ré*, il y a un ton entier ; entre le *ré* et le *mi*, il y a aussi un ton entier. Cette égalité entre deux valeurs ou deux objets se retrouve partout dans la nature de manière à former une harmonie, il en résulte *une paire*. Dans le corps humain, dans une foule d'êtres organisés ou même inorganiques, cette parité se retrouve et forme *le fondement de la symétrie elle-même*. Cette égale distance entre les notes ne se trouve pas, il est vrai, dans le cours entier de la gamme. De la troisième note à la quatrième il n'y aura qu'un demi ton ; de même, de la septième et à la huitième ; mais c'est la base qui caractérise, or la base consiste dans la première paire.

La gamme, dans le *mode mineur*, se distingue par la base, c'est-à-dire par les deux premiers intervalles, par la constitution de la première paire. En effet, cette constitution est ici tout autre. De la première à la seconde note, il y a toujours l'intervalle d'un ton, de la seconde à la troisième il n'y a plus que l'intervalle d'un *demi-ton*. Il n'y a plus d'égalité, il n'y a plus une vraie paire. Le rapport n'est plus de 1 à 1, mais de 2 à 1. Le second intervalle est raccourci de moitié. Le besoin de symétrie pleine n'est plus satisfait. Est-ce à dire qu'il y a défaut d'harmonie? Non, car il n'y aurait plus de sentiment musical satisfait. *Mais la parité pleine s'est changée en simple proportion*. Il en résulte une impression différente.

Cette gamme donne aux chants, aux airs gaëliques ou bretons par exemple, un caractère un peu étrange; de cette étrangeté même dérive une sensation triste, mélancolique et rêveuse? A quoi cela tient-il? *A la composition de cette première tierce* ; au lieu de deux tons ne contenant qu'un ton et demi, elle est *tierce mineure*. Cette tierce est, pour ainsi dire, inachevée, tronquée, raccourcie ; de là cette sensation pénible, il y a comme un arrêt brusque. C'est comme une tierce *mutilée, catalectique*.

La base qui est la première tierce étant ainsi modifiée, modifiera-t-on le surplus de la gamme? Cela n'est pas en soi nécessaire, mais le devient indirectement pour que, tous les sons étant les mêmes que dans la gamme majeure, et tous les intervalles entre les sons étant les mêmes, il n'y ait pas confusion entre elles. Par exemple dans la gamme en *la* mineur, si l'on ne modifiait que la première tierce on aurait :

La — si-ut — re — mi-fa — sol — la

où les sons sont les mêmes et les intervalles sont les mêmes que dans la gamme d'*ut* majeur, de telle sorte que dans certains dessins les caractères se confondent.

Pour éviter cette confusion on a haussé d'un demi-ton la 7ᵉ note, ce qui construit la gamme en *la* mineur, ainsi :

La, si, ut, re, mi, fa, sol dièse, la

et lui donne trois demi tons *si-ut, mi-fa, sol dièse, la*.

Mais dans cette gamme ainsi construite dans son ensemble, il y a du *fa* au *sol* dièse un intervalle d'un ton et demi, ce qui est contraire à l'économie des gammes qui se construisent par tons et demi-tons, et ce qui rend d'ailleurs l'intonation difficile. En haussant la 6ᵉ note *fa* d'un demi-ton, on supprime cet intervalle gênant et l'on obtient

la, si, ut, ré, mi, fa dièse, sol dièse, la.

Cependant on emploie aussi la gamme sans cette seconde modification.

Si nous avons exposé ces modifications du reste de la gamme, c'est pour bien faire comprendre qu'elles ne sont pas essentielles, que ce qui caractérise suffisamment le mode majeur et le mode mineur c'est la constitution de la *première tierce* qui dans l'un est composée de deux intervalles chacun d'un ton, et dans l'autre de deux intervalles, l'un d'un ton, l'autre d'un demi-ton. Nous avons dit les *résultats impressionnels* de cette différence de constitution. Le *résultat mécanique* est, dans le mode mineur, la *rupture de la parité* et son remplacement par une idée de simple proportion.

Nous devons signaler immédiatement, au point de vue mécanique, un autre résultat. Dans le mode majeur, le total des deux premiers intervalles est un nombre pair, deux tons ; dans le mode mineur, au contraire, le total des deux premiers intervalles est un nombre impair, un ton et demi = *trois demi-tons*. De là le nombre impair des unités d'intervalle à la base caractérise le mode mineur, tandis que le nombre pair de ces unités caractérise le majeur. Nous sommes amenés ainsi à confondre l'idée du majeur avec celle du pair, et l'idée du mineur avec celle de l'impair ; cette observation sera féconde en conséquences.

Maintenant, du rythme musical, transportons-nous au rythme poétique, et voyons si les mêmes impressions n'ont point pour cause un mécanisme identique ou analogue, c'est-à-dire pour le mode majeur une parité complète nettement établie dans chaque élément rythmique, et pour le mode mineur un dépareillement, une diminution de l'une des deux unités composant la paire, et par ailleurs, si le *nombre pair* n'est pas caractéristique du *mode majeur* poétique, et le *nombre impair* du *mode mineur*.

Reprenons le distique déjà cité en le scandant.

Hexamètre et mode majeur.

Donec e/ris fe/lix mul/tos nume/rabis a/micos

Pentamètre et mode mineur.

Tempora/dum fue/rint..../nubila,/solus e/ris....

Pourquoi l'hexamètre est-il en mode majeur, et le pentamètre en mode mineur dans ce distique? *A priori*, à cause de l'effet différent produit comme sensation. Puis, si l'on réfléchit et si l'on analyse, on verra que le pentamètre est construit exactement comme l'hexamètre, que seulement la *thesis* du troisième pied et la *thesis* du sixième sont supprimées, qu'en d'autres termes on a enlevé les *thesis* finales de chaque hémistiche, de sorte que chaque hémistiche est *catalectique*. Tout le monde sait que le *catalexe* est la suppression de l'un des éléments d'un pied, en général de la *thesis*.

Que résulte-t-il *mécaniquement* de cette catalexe? Il en résulte que le pied qui en est frappé n'est plus l'égal des autres pieds, qu'il est tronqué, mutilé, boiteux. Il en résulte, en ce qui concerne l'hémistiche ou le vers, que ceux-ci sont brusquement arrêtés avant d'être finis, qu'ils ne peuvent plus finir *decrescendo* en mourant sur la *thesis*; de là, une sensation pénible acoustiquement qui aide à exprimer psychiquement la tristesse. Ce pied n'est plus que la moitié de chacun des autres pieds, lesquels comprennent à la fois une *arsis* et une *thesis*.

C'est exactement ce que nous venons d'observer en musique pour le mode mineur. Seulement la base est déplacée. Dans les vers précités, et généralement, elle est à la fin ou à l'hémistiche, parce que là est le centre ou le point d'équilibre du vers. Sauf, cette *différence de place*, le phénomène est le même, et ne cesse pas d'être *basique*.

Nous n'avons voulu donner qu'un exemple des manifestations du mode mineur poétique, le *vers catalectique*, et nous avons emprunté cet exemple au latin. N'y a-t-il pas dans la modification française quelque chose d'analogue?

Oui; en latin le vers total se divise en pieds, et chaque pied a sa constitution intérieure; il se compose d'une *arsis* et d'une *thesis* ; la perte de la *thesis* d'un des pieds affecte à la fois le *pied isolé* et le *vers entier*. En français, il n'y a pas de pied, il n'y a dans le vers que le vers lui-même et l'hémistiche. De même que la catalexe a lieu en latin par la suppression d'un élément, l'*arsis*, dans un pied et par conséquent dans le vers, de même, en tenant compte de la différence de composition, en français la catalexe a lieu par la suppression d'une syllabe dans le vers. Cette suppression sera plus sensible si le vers dans lequel elle a lieu est précédé d'un autre plein. Il en résulte le distique suivant :

> Tant que le bonheur dure, il est beaucoup d'amis ;
> Vienne le malheur, vois les ennemis.

Où une catalexe, non d'une *thesis* mais d'une *syllabe*, a lieu à chaque hémistiche.

Mais il n'est pas besoin que la catalexe ait lieu à chaque hémistiche, elle est même plus frappante en français si elle a lieu à la fin du vers, parce que la double catalexe fait remplacer un vers pair par un autre vers plus court, mais de nombre syllabique pair aussi comme dans le vers précédent, et la parité fait rentrer dans le mode majeur. Dans la traduction ci-dessus, le second vers n'est donc mineur que *par contraste*, et aussi par le nombre impair des syllabes de chaque hémistiche, mais il reste pair par le nombre total des syllabes, ce qui le rend mixte.

Mais le second vers simplement catalectique sera franchement de mode mineur dans le distique suivant :

> Tant que le bonheur dure, il est beaucoup d'amis ;
> Mais vienne le malheur vois les ennemis.

Ici le second vers est un vers de onze syllabes.

On peut en conclure, au moins *provisoirement*, que le vers de *onze syllabes* est le *catalectique de l'alexandrin*, que le vers de *dix syllabes* coupé par la moitié par la césure est le *bi-catalectique du même*.

Il n'est pas besoin que le vers catalectique ou normal précède le catalectique pour faire ressortir celui-ci, en d'autres termes il serait inexact de dire que le mineur n'existe que par son opposition actuelle au majeur. Le vers catalectique peut exister isolé, et ne perd pas pour cela son impression spéciale.

En français tous les vers à *nombre de syllabes impair* peuvent être considérés comme les *dérivés catalectiques des vers à nombre de syllabes pair* immédiatement supérieurs ; c'est ainsi que le vers de onze syllabes est un vers de douze syllabes tronqué ; il en est de même du vers de neuf syllabes vis-à-vis de celui de dix, au moins dans sa forme primitive, du vers de sept syllabes vis-à-vis de celui de huit.

Tous les vers, soit catalectiques soit à nombre total de syllabes impair, appartiennent au mode mineur.

Sont-ce les seuls ? Nullement, la catalexe qui correspond très exactement au demi-ton de la base du mode mineur est la plus simple et la plus frappante application du mode mineur en rythmique. Mais il y en a bien d'autres. Toute mutilation, tout arrêt brusque du vers dans un de ses éléments produisant une altération, aboutit au même effet, et quand la mutilation n'est pas apparente, toute imparité, tout nombre impair en est la trace certaine.

Ainsi, le poème français se compose normalement de vers ayant une terminaison dite masculine et d'autres ayant une terminaison dite féminine alternés dans un certain ordre, mais sans que les uns, en tout cas, puissent exclure les autres. Il en résulte un balancement qui fait que tantôt on finit sur une *arsis*, tantôt sur une *thesis* très courte se composant d'un *e* muet. Mais on peut retrancher brusquement partout cette *thesis* ; alors l'ensemble du poème semblera tronqué dans une partie de ces vers ; l'impression sera d'abord pénible pour l'oreille qui s'y habituera, et cependant on recueillera alors une sensation, auditive particulière et un sentiment plus sombre, quelquefois même il y aura dureté si le rythme n'est pas bien adapté au sujet, violente énergie capable de grand effet dans le cas contraire.

L'idée de *parité* engendre l'idée de *dualité* ; deux objets égaux faisant la paire éveillent une idée d'harmonie pleine, de symétrie. S'il y a trois objets, quand même ces trois objets seraient égaux, l'idée de *parité est diminuée*, on n'est plus en présence d'*une paire*. La sensation artistique n'est plus la même.

L'alexandrin se divise ordinairement en deux parties par une césure, ces deux parties sont d'ailleurs égales entre elles. Il en résulte une belle allure, une large oscillation pour ce vers tellement qu'une autre combinaison, quelque savante qu'elle soit, ne peut remplacer celle-ci. On peut le comparer à un oiseau ouvrant ses deux ailes, les balançant, planant sans même sembler voler, tant son vol est égal et parfait.

Mais on peut aussi le diviser en trois parties égales, par deux césures, chaque partie contenant un nombre pair de syllabes, quatre. C'est l'alexandrin trimètre régulier. Mais l'impression du vers est alors totalement changée.

> Et sur la tête blonde / était la tête brune.....
> Et tête blonde / et tête brune / et noirs cheveux.

Dans le premier cas le vers a son déploiement et sa marche normale, sa coupe naturelle, chacun de ses hémistiches se balance ; dans le second on dirait que l'équilibre est rompu, il n'y a plus de milieu qui le soutienne, le rythme se hâte, il est quelque peu haletant : il en est de même du sentiment qui ne pourrait rester étranger au rythme ; il est baissé d'un ou de plusieurs tons, il prend une nuance plus sombre. *Un nombre impair de coupures* se substituant à un nombre pair a suffi pour cela.

De l'intérieur du vers passons à des réunions de vers de manière à former une stance. Ces vers peuvent se réunir deux à deux, ou quatre à quatre, suivant des combinaisons paires ; ils peuvent, au contraire, se réunir de trois en trois. Dans le cas de stance paire et dans celui de stance impaire l'impression est tout à fait différente. Nous n'en voulons qu'un exemple qui fera bien ressortir cette vérité.

Un des poèmes les plus sombres, les plus en *mode mineur*, c'est certainement celui qui se compose *de ternaires*. Le ternaire caractérise d'ailleurs certaines rythmiques, la celtique en particulier, comme le mode mineur caractérise la musique des mêmes peuples.

> Le temps viendra, ce temps se hâte de venir,
> Où la cloche n'est plus au fond du souvenir
> Qu'une ombre, qu'un écho qui doit même finir.

La combinaison *binaire pure*, c'est-à-dire la strophe qui se compose de deux vers, a un caractère tout opposé ; elle est légère et gracieuse et exprime les sentiments heureux.

> Mille fleurs font sa fleur, et fraiche comme fraise
> Sous le soleil ardent elle fleurit à l'aise.

A quoi tient cette différence ? A ce que l'une de ces stances est composée du nombre impair le plus simple, 3, et l'autre du nombre pair le plus simple, 2.

Nous ne voulons pas dans cet exposé général citer d'autres exemples. Ceux-là suffisent pour prouver que le mode mineur existe en poésie, et quel en est le mécanisme rythmique, quel en est l'effet psychique.

Nous devons maintenant procéder méthodiquement 1° à l'*énumération* des divers modes de réalisation du mode mineur en rythmique poétique, 2° à l'établissement de règles destinées à *guider* dans la construction des divers genres de mode mineur, et dans l'*emploi psychique* de ce mode, ce qui fera l'objet des trois chapitres suivants.

Nous terminerons ce travail par un appendice sur la *prose rythmée* qui touche de près notre sujet.

CHAPITRE PREMIER

Énumération des divers genres de mode mineur.

Le mode mineur se réalise dans la rythmique dans des cas nombreux qui sont les suivants :

1° la *catalexe*, et ses dérivés la *brachycatalexe* et l'*hypercatalexe*.

2° la *rupture de l'alternance* entre la terminaison *masculine* et la terminaison *féminine* du vers.

3° le nombre *impair* des *syllabes du vers*.

4° le nombre impair des *syllabes de l'hémistiche*.

5° le nombre impair des *divisions du vers*.

6° le nombre impair *des vers de la stance*.

7° le nombre impair *des strophes du poème*.

8° le catalexe dans le *nombre des vers* d'une strophe.

9° la *formation* impaire de la *rime*, ou emploi de la rime redoublée.

10° *altération* de la rime en assonance, ou en terminaison non rimée.

11° *harmonie discordante* entre le repos phonique et le repos psychique.

12° suppression de la *thesis* à volonté.

13° *nombre inégal des syllabes* dans chaque partie des vers.

14° vers qui *dépasse* le nombre *maximum* de syllabes.

15° la *mesure ternaire* opposée à la mesure binaire.

16° le *rythme ascendant* opposé au rythme descendant.

Nous allons étudier successivement ces diverses réalisations du mode mineur. Tous se résolvent en *altération* ou en *imparité*.

1° *De la catalexe, et accessoirement de la brachycatalexe, de l'hypercatalexe et de l'anacruse.*

Quoique la catalexe proprement dite n'appartienne pas à la versification française, et que ce soit celle-ci qui forme le terrain de notre présente étude, néanmoins nous devons l'étudier, parce qu'elle est, pour ainsi dire, le point de départ du mode mineur.

Les mots de *catalexe*, de *brachycatalexe*, d'*hypercatalexe*, et d'*anacruse* sont bien connus des métriciens; néanmoins il est utile de les définir pour ceux qui se sont cantonnés dans la rythmique française; ils reçoivent leur emploi complet dans la métrique gréco-latine.

La *catalexe* nous est rendue bien sensible par le vers précité.

Tempora / si fue / rint.... / nubila / solis e / ris.....

Elle est double dans ce vers et consiste en la suppression de la *thesis* à la fin du dernier pied de chaque hémistiche. Toute suppression du dernier élément, ou plus exactement d'un des deux éléments d'un pied est une catalexe. Elle est le plus souvent finale.

Dans la *brachycatalexe* ce n'est plus la moitié d'un pied qui manque, mais un pied entier. Par exemple le vers ïambique trimètre se compose de trois mètres ou six pieds. Si le sixième pied manque tout entier le vers est brachycatalectique.

Spernis / deco / rae vir ginis toros /.....

Le vers est *hypercatalectique*, au contraire, quand il contient un demi-pied de trop. Tel est le vers iambique dimètre hypercatalectique qui a quatre pieds et demi au lieu de quatre, nombre normal.

Leves / que sub noctem / susur / ri.

Enfin l'*anacruse* se produit non à la fin du vers ou à la fin de l'hémistiche, mais au commencement, du moins en général; il consiste en une *thesis surnuméraire* qui ne compte pas dans le calcul des pieds du vers; quelquefois l'anacruse contient une *arsis* et une *thesis*, et alors prend le nom de *base*, elle n'en reste pas moins surnuméraire.

Les anacruses sont nombreuses tant dans le système gréco-latin, que dans le vers latin original, le Saturnien, et dans le système vieux-germanique.

En voici des exemples dans la versification gréco-latine :

    Pha ‖ selus / ille / quem vi / detis / hospi / tes.

Dans la versification latine :

    Co ‖ rintho dele to Ro / mam redi eit tri umphans.

Dans celle du vieux germanique :

    Got ‖ gibit in zi lônon.

Dans tous ces cas le vers est précédé d'une sorte de *prélude*.

La catalexe et ses dérivés n'existent pas en apparence dans le vers français ; mais on les y trouve ainsi que l'anacruse, si on le scande d'une certaine manière. Voici comment :

En musique, le temps fort dans une mesure doit précéder le temps faible, l'*arsis* précède la *thesis* ; lorsqu'il en est autrement au commencement d'un morceau, et lorsque celui-ci commence en réalité par une *thesis*, on rétablit l'ordre en supposant que cette *thesis* n'est que la fin d'une mesure commençant par un silence et on commence les mesures suivantes par une *arsis* ; cette *thesis initiale* est une véritable *anacruse*.

La langue française, par là même qu'elle accentue la dernière syllabe du mot, doit souvent commencer un vers par un temps faible, une *thesis*, et, par conséquent, de temps faible en temps fort, on finit par un temps fort. Cela n'est pas naturel et blesse l'ordre de la mesure musicale. Il suffit pour rétablir cet ordre de détacher du vers par la scansion la première *thesis*.

    Vous avez / mal agi / vous avez mal fait ; Sire

Se scandera alors avec

    Vous a ‖ vez mal a gi vous avez mal / fait Sire

Il en résulte que si la rime est masculine, le dernier pied devient *catalectique*, c'est-à-dire n'a plus de *thesis*.

    vous a ‖ vez mal a / gi vous avez mal / fait / roi

Mais si le vers suivant contient au commencement une *anacruse*, cette anacruse viendra combler le vide du vers précédent et former la *thesis* qui manquait à son dernier pied.

Hé bien ! toutes les fois qu'il y a dans un vers, *catalexe, brachycatalexe, hypercatalexe* ou *anacruse* naturelle, et non établie, comme dans le vers français pour les besoins de la *scansion nouvelle*, le rythme est conçu en *mode mineur*.

Au point de vue mécanique, cela est incontestable ; le vers a subi une mutilation, il est atteint dans la parité d'une de ses parties ; le pied ne se constitue que par le contrepoids de deux syllabes ; si l'une manque, l'équilibre est rompu ; si, dans le mètre, l'un des pieds manque, l'équilibre est atteint plus gravement. De plus, les éléments ne marchent plus par paires, il y a *dépareillage*. Enfin, le nombre total soit des *arsis* et des *thesis*, soit des *syllabes*, de *pair* devient *impair*.

On comprend d'abord moins bien comment l'*hypercatalexe* et l'*anacruse*, qui ajoutent au lieu de retrancher, peuvent aboutir au même résultat. Cependant, l'effet est le même, l'hypercatalexe, en ajoutant au vers, lui donne un élément incomplet, une *paire dépareillée*, une *arsis* seulement ou une *thesis* seulement si l'on compte par pieds, un *pied* seulement sur deux si l'on compte par mètres. Cependant, l'effet est moins grand, parce qu'on ajoute au lieu de retrancher. Il en est de même de l'*anacruse* qui, en général, n'ajoute qu'une *thesis*.

Mais, ce qui est plus remarquable, c'est l'*effet sensationnel*. En lisant un vers catalectique, l'impression diffère de celle de la lecture du vers acatalectique ou normal, autant qu'en entendant en musique un air en mode mineur après en avoir entendu un en mode majeur.

Nous ne donnerons pas d'autre exemple. Celui du pentamètre comparé à l'hexamètre dans le distique élégiaque est décisif.

2° La rupture de l'alternance entre la terminaison masculine et la terminaison féminine, surtout au profit de la masculine.

La versification française fait alterner les rimes *masculines* et les *féminines*, tantôt en les faisant se succéder *par paire*, tantôt en les *croisant*.

Les mots : *rime masculine* et *rime féminine* sont inexacts. D'abord la rime n'est, comme rime, ni masculine ni féminine. C'est *terminaison masculine* et *terminaison féminine* qu'il faut dire. Et encore les mots : *masculine* et *féminine* prêtent à l'erreur ; l'*e* muet de la terminaison féminine n'est pas toujours le signe du féminin ; cependant par sa mollesse la rime féminine mérite cette appellation.

Par l'*alternance* le vers est *tempéré*, tantôt il contient douze syllabes, tantôt douze syllabes et un quart. Autrefois on faisait abstraction de ce quart de syllabe, ou plutôt on ne le prononçait pas du tout, et la terminaison était indifféremment masculine ou féminine, même l'une rimait bien avec l'autre ; plus tard on a distingué entre les deux, le quart de syllabe compte. Il compte même si bien que la terminaison masculine ne peut plus rimer avec la féminine, ce qui veut dire que le vers de douze syllabes ne peut plus s'apparier avec celui de douze syllabes un quart. De plus, deux rimes différentes, mais féminines, ne peuvent suivre deux rimes féminines ; de même un distique masculin ne peut suivre un distique féminin. On peut croiser, il est vrai les désinences masculines avec les féminines, mais une masculine répond alors toujours à une masculine et est reliée à elle par l'identité de rime. Telle est la règle.

Dans les temps modernes seulement on détruit cette alternance plus ou moins. Tantôt une stance entière est en rimes féminines, quoiqu'elle se compose de quatre, cinq ou six vers ; et la suivante seulement en rimes masculines ; tantôt la pièce entière est en rimes masculines ou en rimes féminines seulement.

L'impression de cette destruction d'alternance est particulière, elle est différente, du reste, suivant qu'on emploie exclusivement des rimes masculines ou des rimes féminines ; elle est bien plus distante de celle qui résulte des rimes seulement alternées.

Ces terminaisons alternées, soit comme rimes plates, soit comme rimes croisées, donnent au rythme un *large développement*, un *plein équilibre*, une *satisfaction entière*. Il semble que le vers oscille toujours de douze syllabes à douze syllabes et une fraction dans l'alexandrin, et de dix syllabes à dix syllabes et une fraction dans l'endécasyllabe etc. ; il résulte d'ailleurs de cette alternance une harmonie dans le nombre des syllabes en chaque paire de vers, rendue plus sensible par le nombre différent dans les deux de la paire suivante. Cette *oscillation* est devenue en français l'*état normal* du vers. Tout ce qui en dévie surprend l'oreille.

Si l'on n'emploie que la rime masculine, le vers n'est que de 12 syllabes, par exemple, jamais de 12 un quart, il est; par conséquent, dans l'ensemble de la pièce ou de la stance, plus court que la normale qui est une oscillation entre 12 et 12 1/4 ; or le vers plus court est plus brusque, plus dur que le vers plus long, surtout quand par sa position l'absence du vers plus étendu est rappelée.

Si l'on n'emploie que la rime féminine, le vers est de 13 syllabes, plus exactement de plus de douze syllabes, il est, par conséquent, dans l'ensemble de la pièce ou de la stance plus long que la normale qui consiste en une oscillation entre 12 et 12 1/4, or, le vers plus long est plus doux que le vers plus court, surtout quand par sa position l'absence d'un vers plus court est rappelée.

Mais cette différence du nombre de syllabes n'est pas celle qui est plus sensible entre la terminaison féminine et la masculine; s'il n'en existait pas d'autre, elle serait négligeable, et c'est à ce titre qu'on l'a longtemps négligée ; en effet, la différence ne consiste qu'en une syllabe muette qui ne vaut guère en réalité qu'un huitième ou un dizième de syllabe claire.

Le différence plus essentielle gît dans l'allure du rythme qui se trouve modifiée. Chacun sait que l'ordre respectif de l'*arsis* et de la *thesis* consiste en *tnesis* + *arsis*, ou bien *arsis* + *thesis* ; le premier ordre forme le rythme *iambico-anapestique*, ou d'une manière abstraite le *rythme ascendant*, <, l'intensité accentuelle allant en *croissant* ; le second forme le *rythme trochaïco-dactylique*, ou d'une manière abstraite *descendant*, >, l'intensité accentuelle allant en *décroissant* ; or, le rythme peut changer dans l'intérieur du vers. Dans le vers français la tournure générale est toujours *ascendante*, cela tient à ce que cette langue accentue toujours la dernière syllabe claire du mot, c'est-à-dire l'ultième quand elle ne consiste pas en un *e* muet; mais à la fin le rythme peut demeurer tel, ou se convertir en rythme *descendant*. Il demeure tel quand la terminaison est masculine et au contraire *vire en rythme descendant* quand la terminaison est *féminime*.

Soit ce vers :

Je crains Dieu, cher Abner, et n'ai point d'autre crainte

La scansion est la suivante.

Je crains Dieu / cher Abner / et n'ai point / d'autre crain / te

Voici, au contraire la scansion du vers suivant.

C'était / pendant l'horreur / d'une profon / de nuit.

Le second vers reste à rythme ascendant, le premier est ascendant jusqu'à la syllabe *crain*, et alors cette syllabe est une *syllabe de virement de rythme*, ce rythme devient descendant.

Le *rythme musical* véritable est le seul *rythme descendant*, chaque mesure doit normalement *commencer par le temps fort*. Il en résulte que souvent on a scandé pour le ramener à ce rythme le vers français au moyen d'une *anacruse*.

Je crains ǀ Dieu, cher Ab ner, et n'ai / point d'autre / crainte...
C'é ǀ tait pendant l'hor reur d'une pro fonde / nuit.

Dans ce cas chacun des vers a son anacruse, mais tandis que le premier vers à terminaison féminine est normal, acatalectique, le second, à terminaison masculine, est anormal, catalectique, il a subi l'*aprocope* de la dernière *thesis*.

Ce procédé met bien en relief son caractère, *le vers masculin est catalectique*, et entre ainsi dans le vers à *mode mineur* ; c'est ce que nous avons décrit sous la rubrique précédente. *C'est un des vers catalectiques du français*.

Le vers féminin serait donc normal si l'on considérait l'allure du rythme d'une *manière absolue*, mais nous allons voir qu'il faut l'examiner d'une *manière relative*, ce vers n'est pas acatalectique et normal, mais hypercatalectique ; pour bien le comprendre, il faut d'abord examiner un autre vers roman, le *vers italien*.

En italien, le vers n'est pas à rime masculine et à rime féminine, ces dénominations ne conviendraient même pas, car il n'y a pas en cette langue de voyelles sourdes, il n'y a que des voyelles claires. Mais celles-ci sont accentuées ou non accentuées. La dernière syllabe qui compte dans le vers, c'est la *syllabe accentuée*; si elle est suivie d'autres non accentuées, ces dernières sont considérées comme *surnuméraires*.

D'un autre côté, les mots italiens ont leur accent, les uns sur la pénultième, les autres sur l'antépénultième, les autres sur l'ultième ; les premiers sont les plus nombreux. Suivant ces trois cas l'accent est dit *piano*, *sdrucciolo* ou *tronco*. L'accent *piano* est normal, c'est celui de plus des neuf dixièmes des mots. Dans ces proportions il ne saurait être question d'alternance régulière. Aussi les vers *piani*, *sdruccioli* et *tronchi* se suivent sans ordre.

Par conséquent, le nombre des syllabes varie, sans que le rythme soit dérangé. Prenons pour exemple notre décasyllabe ; si en français on a un vers féminin, le décasyllabe est en réalité un endécasyllabe. C'est ce qui a lieu en italien où la terminaison est normalement *féminine* ou *piana*.

Tel ce vers :

Le donne, i cavalier, l'armi e gli amori

qui se scande ainsi, quant au nombre de syllabes :

Le donn, i cavalier, l'arm e gl' amori (Arioste).

Mais ce vers peut croître ou diminuer d'une syllabe et devenir ainsi dodécasyllabe ou décasyllabe, hypercatalectique ou catalectique.

Ce dernier cas a lieu lorsque le dernier mot a l'accent *tronco* ; le vers correspond alors à notre vers masculin.

Calossi gorgogliando e s'affondò (Caro).

Le premier cas qui n'a pas de correspondant en français a lieu quand le dernier mot est *sdrucciolo*

A egregie cose il forte animo accéndono

Qui se scande ainsi, les élisions faites

A gregie cos il fort anim accéndono

On a donc en italien le vers *féminin* ou *acatalectique*, normal, le vers *masculin* ou *catalectique*, anormal, ou enfin le vers *sdrucciolo* ou *hypercatalectique*, aussi anormal.

Dans une telle versification, le vers normal, en mode majeur, serait le vers *piano* ou féminin, le vers anormal, tantôt comme catalectique, tantôt comme hypercatalectique, le vers en mode mineur, serait le vers *tronco* ou masculin, et aussi le vers *sdrucciolo* ou ultra féminin.

En français il n'en est pas de même, il n'y a pas de mots *sdruccioli*, l'accent ne portant jamais sur l'antépénultième ; tout mot est *tronco* ou bien *piano*, masculin ou *féminin* ; l'alternance dans la prose est presque régulière, c'est même ce qui en fait l'harmonie spéciale ; le même besoin d'alterner se retrouve dans les vers, où le mot final est tantôt masculin, tantôt féminin, on peut à peine dire lequel est le normal ; ou plus exactement, ce qui est normal, ce n'est ni l'un ni l'autre, mais leur alternance.

Si cette *alternance est détruite* le vers est *anormal*, il est *catalectique* si l'alternance est détruite au profit du vers masculin, il est *hypercatalectique* si elle est détruite au profit du vers féminin. *Ces deux ruptures d'alternance constituent un mode mineur.*

Mais le mode mineur est *plus prononcé*, au point de vue *sensationnel* surtout, si c'est le vers masculin qui devient exclusif, alors il y a *mutilation, resserrement*, dureté de sentiment et de rythme. Au contraire, si l'on n'a que des vers féminins, la douceur est augmentée, le sentiment devient plus tendre. Cependant, une pièce en vers féminins seuls rend bien des sentiments mélancoliques par une sonorité spéciale et plus forte; on sent le mode mineur dans l'hypercatalexe, moins que dans le catalexe, mais on l'y sent pourtant.

D'ailleurs l'hypercatalexe, en dernière analyse, est la catalexe d'un vers à nombre de syllabes supérieur.

En français, par exemple, la syllabe finale féminime du vers forme, avons-nous dit, *virement du rythme ascendant en rythme escendant*, mais si l'on veut écarter ce virement et si l'oreille persiste à poursuivre la continuation du rythme ascendant, la syllabe sourde finale est le commencement, la *thesis* initiale d'un nouveau pied dont on attend en vain l'*arsis*.

Nous verrons plus loin, en décrivant l'effet psychique du mode mineur, quelle est l'impression puissante qui résulte de l'emploi bien choisi tantôt d'un rythme alterné, tantôt d'un rythme purement masculin, tantôt d'un rythme purement féminin.

3° *Le nombre impair des syllabes du vers.*

La lutte a été vive au point de vue tant esthétique que rythmique entre les diverses écoles françaises, entre la classique et la romantique, entre la romantique et la parnassienne, entre celle-ci et la décadente, mais cette lutte a porté, quant au rythme, surtout sur la coupure d'un vers, sur l'enjambement, sur la rime, et nullement sur le nombre total des syllabes.

Dans ces derniers temps seulement se sont produits quelques timides essais d'emploi des vers à nombre impair de syllabes. Ces essais n'ont pas réussi, ou ont été mal accueillis. On a proclamé qu'il ne fallait pas sortir des anciens moules et que les vers de 8, 10 et 12 syllabes suffisaient parfaitement pour exprimer tous les sentiments poétiques, que les autres n'étaient pas rythmiques, et restaient bons tout au plus, certains d'entre eux, à être mis en musique.

Nous avons cherché, en publiant un certain nombre de poésies en vers à nombre impair de syllabes, à les relever de ce discrédit, et à montrer qu'on peut en tirer des effets spéciaux. Y avons-nous réussi ? Ce n'est pas à nous de le dire. Nous le mentionnons ici pour nous excuser de chercher des exemples à citer dans nos propres vers, n'ayant pu souvent en trouver ailleurs.

Nous voulons en ce moment établir seulement que les vers à nombre impair restent tous dans le mode mineur, et que chacun d'eux se forme par le *catalexe* du vers à *nombre de syllabes immédiatement supérieur.*

Prenons pour guide sûr l'impression spéciale produite par ces vers.

Les vers à nombre impair sont, pour ne pas dépasser l'alexandrin, ceux de 3, de 5, de 7, de 9 et de 11 syllabes.

Les vers de 3 et de 5 syllabes, quoique rares, sont admis par tout le monde, ceux de 7 le sont sans restriction ; quant à ceux de 9 et de 11, ils sont très vivement discutés, celui de 11 généralement répudié.

Commençons par les derniers.

Le vers de onze syllabes est bien évidemment une catalexe du vers de douze syllabes. Ce dernier seul se balance par deux absolument semblables entre eux, le vers d'une syllabe se construit sur l'autre en supprimant la syllabe finale du premier ou du second.

Ainsi se scandent les vers suivants.

> Tout en haut du grand steppe / en un val herbeux
> Des pipeaux dont il joue / en paissant ses bœufs
> D'un grand coup de sa faulx / tranchant nos genoux
> Bah ! sur lui, sur ses bœufs / tant pis, ruons nous !
>
> RICHEPIN.

Il suffira de ralentir la prononciation sur le second hémistiche pour donner à l'hendécasyllabe la même durée qu'à l'alexandrin.

Cette catalexe, au lieu d'avoir lieu à la fin du second hémistiche, peut se réaliser à la fin du premier. On pourrait dire :

> En un val herbeux, tout en haut du grand steppe
> Tranchant nos genoux, d'un grand coup de sa faulx,

Dans ces deux cas la génération des vers de onze syllabes est bien sensible, il est issu par catalexe de l'alexandrin.

Au point de vue *impressionnel*, il suffit de remplir la lacune pour juger de la différence entre le vers ainsi tronqué et le vers plein.

> Tout en haut du grand steppe / en un vallon herbeux
> Tout en haut du grand steppe / en un val herbeux

Ou bien.

> D'un grand coup de sa faulx / tranchant nos deux genoux,
> D'un grand coup de sa faulx / tranchant nos genoux

Ou bien encore.

> En un vallon herbeux / tout en haut du grand steppe
> En un val herbeux / tout en haut du grand steppe

Ou bien.

> Tranchant nos deux genoux / d'un grand coup de sa faulx
> Tranchant nos genoux / d'un grand coup de sa faulx

On verra combien l'alexandrin perd de la brutalité voulue, de la rapidité, du sentiment profond qu'on goûte dans l'hendécasyllabe correspondant, que la catalexe ait lieu dans celui-ci à la fin des vers ou à l'hémistiche.

Un artiste habile mettra le sentiment sur lequel il faut insister dans l'hémistiche catalectique : en effet, le moins grand nombre de syllabes prononcées dans le même espace de temps crée une *insistance*, une *morosité*, qui correspond à celle psychique qu'on veut décrire.

Il n'est pas indifférent alors que la catalexe ait lieu dans le premier ou dans le second hémistiche ; l'effet produit, quoique sombre et mélancolique toujours, est plus puissant, en général, quand la catalexe est en fin de vers, parce que le rythme éprouve une *accélération suivie de ralentissement*.

Nous ne voulons pas dire que le vers de onze syllabes ne peut se constituer que par une de ces deux catalexes de vers de douze syllabes ; nous verrons plus loin d'autres modes de constitution de ce vers, et nous ne voulons pas anticiper, nous avons voulu seulement montrer sa *génération directe*.

Le vers de *neuf syllabes* est à son tour le catalectique d'un vers normal et majeur (au point de vue du nombre syllabique total), de dix syllabes.

En voici un exemple où la catalexe a lieu dans le second membre.

> Quittons ce vieux monde / où tout est vieux,
> Où le soleil las / n'est plus joyeux
> Viens ! je sens des lar / mes plein mes yeux
> Quand passe un nua / ge sur ma tête.
>
> (RICHEPIN).

La suppression d'une syllabe dans la deuxième partie exprime bien le sentiment de lassitude et d'ennui.

Faisons de ces vers des décasyllabes de formule 5 + 5.

> Quittons ce vieux monde où tout se fait vieux
> Où le soleil las n'a plus l'air joyeux.
> Viens, je sens des larmes hélas! plein mes yeux
> Quand passe un nuage blanc sur ma tête.

L'effet rythmique est différent ; la sensation devient plus reposée, plus équilibrée, triste toujours, mais point d'une tristesse aussi sombre, aussi brusque, et comme retenue et arrêtée.

La catalexe peut, au contraire, avoir lieu dans le premier hémistiche, d'où la formule 4 + 5 au lieu de 5 + 4. Seulement comme le décasyllabe a deux formules, celle 5 + 5 et celle 4+6, l'ennéasyllabe 4 + 5 qui met la catalexe dans la première partie de la formule 5 + 5 la met, au contraire, dans la seconde de la formule 4 + 6. Voici un exemple :

> Le vent levait parmi la tempête
> Nos souvenirs, nos bonheurs passés
> Qui vont tournant dans la pauvre tête,
> Mais sous la pluie ils sont tous glacés.

On peut convertir en décasyllabes et juger de la différence d'impression,

> Le vent soulevait parmi la tempête,
> Tous nos souvenirs, nos bonheurs passés
> Qui viennent tournant dans la pauvre tête
> Hélas ! sous la pluie ils sont tous glacés.

Cette dernière stance est beaucoup plus vive que l'autre ; la tristesse qu'elle exprime est moins rude, et comme adoucie.

Cette genèse de l'ennéasyllabe n'est pas la seule, ce vers existe aussi d'une manière plus autonome qui ne le relie plus au décasyllabe. Nous en retrouverons d'autres formules plus tard.

N'en examinons qu'une, parce qu'on pourrait nous en faire une objection. La formule classique du vers de neuf syllabes (si l'on peut parler de formule classique pour un vers à peine toléré) c'est 3 + 3 + 3, c'est-à-dire un *ennéasyllabe bicésuré*.

> Vagabond, formidable et puissant,
> J'ai pillé, j'ai tué, j'ai vaincu.
>
> (RICHEPIN).

Ce vers est employé surtout pour les paroles mises en musique. Il est difficile à construire parce que les césures y reviennent trop souvent ; enfin le vers *bicésuré* est un vers tout spécial dont nous aurons à parler en son lieu, et qui n'est pas le vers normal à un second point de vue.

Le vers de *sept syllabes* est aussi le *catalectique de celui de huit*. Cela est moins sensible parce que l'octosyllabe n'a pas de césure et qu'ainsi une des parties du vers n'est pas spécialement raccourcie, mais bien le vers tout entier. On ne peut plus guère juger la genèse que par l'effet impressionnel. Le vers de huit syllabes est parfaitement équilibré, tranquille, plein, comme le décasyllabe et l'alexandrin ; l'heptasyllabe, au contraire, semble bien tronqué.

> La caresse pas discrète
> De soie et d'or a le son ;
> Il n'y a plus d'amourette.

Comparez l'octosyllabe.

> La caresse n'est pas discrète,
> De soie et d'or elle a le son,
> Hélas ! il n'est plus d'amourette.

La pensée est resserrée dans le premier cas, étendue dans le second, de même le rythme.

Le vers de *cinq syllabes* est le *catalectique de celui de six* ; le vers de *trois* syllabes est catalectique de celui de *quatre*; mais ces vers sont peu usités, et la différence d'ailleurs s'affaiblit. Comparez cependant :

> La rafale
> A volé,
> La cavale
> A soufflé,
> Balle et balle
> Ont sifflé.

Et

> Grande rafale,
> Soleil voilé,
> Ah ! la cavale
> Vole, a soufflé,
> Et balle et balle
> Sur moi sifflé.

Le vers de trois syllabes est une contraction de celui de quatre ; pensée, style et rythme s'y resserrent.

Si des vers normaux comme durée nous passons à ceux qui dépassent l'alexandrin, ceux de 13, 14, 15 et 16 syllabes, nous dirons encore avec la même raison que l'impair est le catalectique du pair supérieur, mais alors nous sommes en plein inconnu, car aucun de ces vers n'est usité et nous réservons l'examen de cet effet jusqu'à celui du vers anormal de longueur lui-même, car cette longueur exagérée le fait tomber à elle seule dans le mode mineur, qu'il soit pair ou impair ; seulement s'il est impair il y tombe *doublement*. Cet examen se complique aussi de celui de la *bicésure*.

4° Nombre impair des syllabes de l'hémistiche.

En réalité, chacun des hémistiches forme à lui seul un petit vers ne rimant pas avec l'autre. Pour qu'un vers soit *parfait*, satisfasse pleinement l'oreille, s'*équilibre totalement*, il faut que le nombre de ses syllabes soit *pair*, que le nombre de ses parties, de ses hémistiches, soit *pair* (ce que nous verrons tout à l'heure), et enfin que le nombre de syllabes de chaque hémistiche soit *pair* aussi ; l'*alexandrin dimètre réunit parfaitement ces conditions* ; de même le décasyllabe de formule 4 + 6 ou celui de formule 6 + 4. Aussi cette formule de décasyllabe est-elle la *formule classique* ; un tel décasyllabe est de *mode majeur*.

Au contraire le décasyllabe hystérogène composé suivant la formule 5 + 5 ne remplit pas une de ces conditions ; chacun de ses hémistiches est à nombre de syllabes impair, quoique le total forme un nombre pair. Aussi l'impression de ce décasyllabe est-elle plus mélancolique que celle de l'autre.

5 + 5   Mais au même point retourne l'amour,
          Il a cheminé, mais sa route est lasse,
          Il n'a qu'un bonheur, celui du retour

   Et,

4 + 6   L'aquilon frappe, et dur comme l'enclume
          Le sol résiste avec son granit fier ;
          L'oiseau jamais ne sèche bien sa plume,
          Le blé noir pousse au lieu du blé trop cher.

Il est facile de sentir que le premier exemple est en mineur, tandis que le second est en majeur ; dans le second le rythme reprend son allure pleine, bien équilibrée, tandis qu'il se précipite dans le premier.

Dans le vers de neuf syllabes, le nombre des syllabes de chaque membre ou de l'un des membres est toujours impair, soit que l'on suive la formule $4+5$, ou celle $5+4$, ou celle $3+3+3$ ou celle $3+6$. Dans une d'elles, $3+3+3$, tous les membres sont à nombre de syllabes impair, aussi le ton du vers de neuf syllabes est-il essentiellement mineur.

Le vers de 11 syllabes dans ses formules $6+5$ ou $5+6$ ou $4+7$ ou $7+4$ ou $3+8$ renferme toujours un hémistiche au moins à nombre syllabique impair, en plus de l'imparité de ses syllabes.

Le vers de 12 syllabes, au contraire, est toujours *pair* dans chaque membre, qu'il soit *bicésuré* ou *simplement césuré*.

Les vers de 13 et de 14 syllabes ont des membres à nombre syllabique impair : celui de 13, qu'il suive la formule $3+5+5$, ou celle $8+5$, ou celle $5+8$; celui de 14, qu'il suive celle $4+5+5$ ou $5+5+4$ ou $7+7$ ou $6+8$ ou $8+6$.

Le vers de 15 syllabes est, en général, *bicésuré*, et suit la formule $5+5+5$; alors chaque membre a un nombre de syllabes impair.

C'est pour ce motif que les vers supérieurs à l'alexandrin appartiennent au mode mineur.

5° *Nombre impair des parties du vers.*

A ce point de vue, les vers usités se partagent en deux grandes classes : les *césurés* et les *bicésurés*.

Les premiers se divisent en *deux parties égales* ou *inégales* ; les seconds se divisent en *trois parties égales* ou *inégales*.

Les deux parties peuvent se subdiviser ou non, nous n'avons pas à nous occuper ici de ces subdivisions, mais seulement des divisions principales.

Quelquefois les parties sont au nombre de quatre, mais cela ne peut arriver que dans le vers de seize syllabes ou supérieur. Elles sont aussi au nombre de quatre dans l'alexandrin dans une forme très pure qui n'est pas exigée.

La division en quatre parties, lorsqu'elle existe, a le même caractère que celle en deux parties, avec aussi une division binaire.

En somme, le nombre des divisions du vers est *pair* et *binaire*, ou bien *impair* et *ternaire*.

Lorsque la division est binaire, si le vers ne contient que deux parties, n'a qu'une césure, il se balance parfaitement, normal et plein. C'est ce qui arrive dans l'alexandrin classique ordinaire. C'est ce qui arrive aussi généralement pour tous les autres vers.

Le décasyllabe contient deux parties : 4 + 6 ou 5 + 5 ou 6 + 4.
L'ennéasyllabe souvent deux : 4 + 5 ou 5 + 4.
L'hendécasyllabe de même 6 + 5 ou 5 + 6.
Le vers de treize syllabes se divise en 6 + 7 ou 7 + 6.
Celui de 14 syllabes peut se diviser en 7 + 7 ou 6 + 8 ou 8 + 6.
Quelques vers se divisent en quatre parties.
Le vers classique parfait se construit ainsi : 3 + 3 + 3 + 3.

Je crains Dieu / cher Abner / et n'ai point / d'autre crainte.

Le vers de 16 syllabes se divise aussi en quatre parties :

C'est le matin / le frais matin / quand la lumière / encore sommeille.

De même le vers de 24 syllabes.

Lui qui marchait errant, que nul n'avait reçu, que nul ne vêtissait,
qui par la soif ardente,
Devant la goutte d'eau, sous le rayon de feu, le long du long chemin,
dans la poudre mordante
Languissait vainement, méprisé des meilleurs, il courbe les humains,
et lui seul est debout.

On peut dire que le nombre binaire de parties est plus parfait quand il y en a quatre que quand il y en a deux, de là la perfection de l'alexandrin classique ci-dessus cité.

Remarquez qu'ici nous faisons abstraction de l'égalité ou de l'inégalité du nombre de syllabes de chaque partie.

Lorsque la division est ternaire, le vers étant bicésuré, l'impression rythmique est tout autre ; le vers plus coupé est plus vif, mais aussi plus haletant, il n'y a plus la même sensation de *plénitude rythmique*.

L'alexandrin peut être bicésuré ; cette double césure peut constituer des parties égales ou inégales entre elles ; de là l'alexandrin trimètre régulier et l'irrégulier.

Vivre casqué / suer l'été / geler l'hiver.

Il est toujours un peu rude sous cette forme, et exprime des sentiments brusques.

Le vers de neuf syllabes est le plus souvent *bicésuré* et prend la formule 3 + 3 + 3.

Les matins / sont lassés / et les soirs ;
Les jours clairs / les jours gris / les jours noirs
Se sont tous / succédé / sans espoir.

Cela contribue à rendre son mode mineur plus caractérisé.

Les vers de 13, de 14, de 16 syllabes sont presque toujours *bicésurés*. En effet, en raison de leur longueur, il leur faut plus d'un seul point d'appui. Cette nécessité sert à caractériser leur mode mineur.

Le vers de 15 pieds se bicésure non seulement pour ce motif, mais aussi parce que cette bicésure assure un nombre égal de syllabes à chaque partie. La bicésure le soutient fortement et lui donne une légèreté égale à celle du décasyllabe dont il semble le prolongement.

Le *caractère général* de la *bicésure* ou du nombre ternaire des parties est de rompre la parité et, par conséquent, le parfait balancement qui en dérive ; il répond aux *sensations heurtées* ; même quand les *coupures sont très courtes*, aux *sentiments halctants*, entrecoupés, car ce qui est dans le sentiment passe dans le rythme, et ce qui est dans le rythme passe dans le sentiment les deux sont solidaires.

6° *Nombre impair des vers de la stance.*

Le mode majeur et le mode mineur ne se reconnaissent pas seulement dans le vers isolé, mais aussi dans les unités supérieures au vers, dans la stance et dans le poème.

La stance peut se composer de deux vers (distique) de trois vers, de quatre, et d'un plus grand nombre. Ces divisions de la stance sont *binaires*, quand elle se compose de deux vers ou d'un multiple de 2.

En effet le quatrain est un multiple du distique 2×2; de même le sixain 2×3, le huitain 2×4, le dizain 2×5.

Au contraire, les stances de 3 vers, de 5, de 7, de 9 n'étant pas multiples de 2, sont *ternaires*.

Mais au moyen de la rime les stances de 5, de 7, de 9, peuvent en réalité redevenir souvent binaires ; il suffit dans celle de 5 de faire rimer le 5ᵉ vers avec l'un des 4 premiers, dans celui de 7 de faire rimer le 1ᵉʳ, le 2ᵉ, le 4ᵉ, le 5ᵉ, le 6ᵉ ensemble, et d'autre part le 3ᵉ et le 7ᵉ ensemble, pour réduire les couples de rimes à deux.

Le vrai type du groupe *binaire* est le *quatrain*. Le vrai type du groupe *ternaire* est la *triade*. Le quatrain contient, en général, quatre vers sur deux rimes qui se croisent de diverses manières. Il renferme donc deux paires de vers. Le distique comprend deux vers, mais une seule paire.

Le quatrain est la forme *la plus normale*, la plus pleine et la mieux balancée de la *strophe*. Non seulement il contient un multiple de deux vers, quatre vers et un multiple où les deux facteurs sont pairs, mais il renferme en outre, une double paire de vers, autrement dit, une double rime. Il est donc majeur par excellence.

Le distique composé de deux vers à rime semblable, bien détachés de l'ensemble de la pièce de manière à former une vraie strophe, est en réalité le *binaire*, il est majeur aussi, mais teinté de mineur en ce qu'au point de vue de la rime il se formule par 1, si au point de vue du nombre de vers il se formule par 2.

Le type du *groupe ternaire* est la *triade*.

La triade, *nom générique*, comprend toutes les stances qui se composent de trois vers bien détachés du reste.

Il est à la fois *hypercatalectique du binaire* et *catalectique du quatrain*, c'est surtout à ce dernier point de vue qu'il faut le considérer.

Le quatrain est la forme pleine, normale de la stance ; retranchez lui un vers, vous aurez la triade qui est son mode mineur.

Sous le nom générique de *triade*, nous comprenons des stances bien différentes, surtout deux qu'il faut plus particulièrement déterminer, le *tercet* et le *ternaire*.

Le *tercet* est une stance de *trois vers*, mais seulement de *deux rimes*. Ce résultat qui paraît impossible devient possible en complétant une des deux rimes par une rime de la stance suivante. Voici un exemple du tercet :

> Jusques à quand, mon Dieu, jusqu'à combien de fois,
> M'abandonneras-tu devant que je ne meure,
> Sans te revoir encor, sans embrasser ta croix,
>
> Fais que ton Paradis devienne ma demeure,
> Que toi qui m'appelas tu sois toujours le vrai,
> Que tu sois revenu pendant ma dernière heure.

On voit que la stance y est bien de trois vers et que le sens s'y termine, mais ces trois vers ne sont point unis par une rime unique, deux riment ensemble, mais celui du milieu rime avec un des vers de la stance suivante. Ce n'est qu'à la fin de la pièce qu'un vers isolé vient résoudre cette perpétuelle suspension rythmique.

Le *ternaire* constitue l'unité de la stance plus fortement, il n'y a plus qu'une *seule rime* pour les trois vers. Nous en avons donné un exemple.

> Le temps viendra, ce temps se hâte de venir,
> Où la cloche n'est plus au fond du souvenir.
> Qu'une ombre, qu'un écho qui doit même finir.

L'imparité du nombre des vers de la stance est la même que dans le tercet, mais cette stance est plus fermée par l'unité de rime, et par conséquent l'effet de l'imparité est plus puissant. Le rythme est de plus en plus mineur ; on passe de la teinte mélancolique et grise à la couleur triste et noire.

Il est remarquable que ce rythme est spécial aux peuples qui passent pour avoir un caractère dans ce même ton, en particulier, aux races celtiques. Leur triade n'est autre qu'un ternaire, et forme la majeure partie de leurs poèmes et chants.

Un autre genre de triade analogue au tercet consiste dans chaque stance à faire rimer les deux premiers vers ensemble puis à faire rimer ensemble les troisièmes vers de deux stances consécutives. Ce mode est moins mineur, ou du moins son effet comme tel moins puissant, parce que la stance, au lieu d'être fermée comme dans le ternaire, ou demi-ouverte comme dans le tercet, reste complètement ouverte.

Enfin un autre ternaire consiste à établir deux strophes, chacune de trois vers ; la première contient trois vers dont aucun ne rime avec les autres : la strophe suivante se compose ainsi de trois vers dont chacun rime avec le correspondant de la strophe précédente.

En voici un exemple :

> Seigneur, immuable, impassible.
> Dans ta solitude éternelle,
> Toi qui n'as jamais rien souffert,
>
> Pourquoi fais-tu l'homme possible,
> La douleur qui se renouvelle,
> Le bonheur qui toujours se perd ?

7° *Nombre impair des strophes du poème.*

Dans certains poèmes il n'y a pas de strophes ; il se composent d'une suite de vers soit à disposition plate, soit à disposition croisée, soit à disposition libre quant aux rimes, à disposition uniforme ou variée quant au nombre des syllabes ; nous n'avons pas non plus à nous en occuper.

De même, le poème divisé en strophes peut en contenir un nombre variable à l'infini ; nous n'avons pas non plus à nous occuper de ce cas.

Mais certains poèmes sont à forme fixe, c'est-à-dire contiennent un nombre de stances qu'on ne peut augmenter ni diminuer.

Le nombre fixe est de *trois* ou de *quatre*.

Les poèmes à forme fixe contenant trois stances sont le *rondeau* et le *rondel*.

Tout le monde connaît la composition de ces deux petits poèmes, et nous y reviendrons bientôt à un autre point de vue.

Il s'en dégage une impression en *mineur*, mais comme cette

impression résulte aussi d'un autre de ses éléments dont nous allons parler bientôt, nous passons outre.

Les autres poèmes à forme fixe et à nombre de stances préfix sont le *sonnet*, la *ballade*.

Le sonnet se compose de deux quatrains et de deux tercets, et si on l'examinait stance à stance, il tiendrait à la fois du majeur et du mineur ; cependant le mineur l'emporterait, parce qu'il est terminal. Si l'on examine le nombre des stances, qui est de quatre, le caractère redeviendra majeur, mais il ne faut pas seulement compter, il faut classer les strophes ; or, le premier quatrain (c'est là un *processus* que nous expliquerons ailleurs, que nous ne pouvons qu'indiquer ici) forme la *strophe*, le second forme l'*antistrophe*, les deux *tercets réunis* forment l'*épode*. Il n'y a donc en réalité que trois parties. La division de la dernière de ces parties en deux tercets est secondaire ; elle est due, en particulier, au besoin d'avoir un champ assez vaste pour développer l'idée terminale, et aussi pour appliquer deux rimes. Néanmoins cette division en deux tercets diminue le caractère en mineur du sonnet.

La *ballade* se compose de quatre strophes, mais la dernière est la moitié de l'une des autres, et par conséquent revêt le caractère bien net d'une *épode* ; c'est donc un poème composé de trois strophes, plus une épode. Le caractère épodique de la dernière strophe suffit pour donner à la ballade le mode mineur, comme nous le verrons un peu plus loin. Mais ce caractère est corroboré ici par la division en trois strophes, et non plus seulement, comme d'ordinaire, en une strophe et une antistrophe.

8° La catalexe dans le nombre de vers d'une strophe.

Ici nous touchons à un point très important et qui nous reporte en arrière dans l'évolution rythmique. Les anciens divisaient l'ode, le poème lyrique par excellence, en trois parties : la *strophe*, l'*antistrophe* et l'*épode*. Les chœurs grecs se composent de strophes qui se succèdent par *triade* ; chaque triade est identique de dessin à la triade suivante. Elle se compose d'une *strophe*, d'une *antistrophe* qui reproduit le dessin rythmique de la strophe, et d'une *épode* qui clôt la *triade* en employant un dessin rythmique différent, lequel est une réduction ou une amplification de celui de la strophe et de l'antistrophe.

Pourquoi cette différenciation de *l'épode* ? C'est précisément elle qui constitue l'unité rythmique du poème. Si toutes les strophes sont semblables, c'est un nombre indéfini que le poème peut en contenir. Il y a alors une collection de stances, non un *poème véritable* ayant des *membres différenciés*. Dans la *stance*, quand il existe un vers plus petit servant de *clausule*, la clausule joue un rôle analogue.

Cette division des membres du poème en trois est déjà très remarquable et caractérisque du mode mineur, et nous l'avons déjà remarquée. Mais il y a, en outre, le caractère tantôt *catalectique*, tantôt *hypercatalectique*, de *l'épode*.

Pour ne pas sortir de la versification française, nous trouvons cette division en strophe, antistrophe et épode dans le sonnet, la ballade, le rondeau, le rondel.

Dans le rondeau, cette division est bien caractérisée ; l'épode est *hypercatalectique*. La première stance se compose de 4 vers, la seconde de 4, la troisième de 6.

Dans le rondeau, même division nette, seulement l'épode se place entre la strophe et l'antistrophe. La première stance a 5 vers, la seconde 3, la troisième de nouveau 5.

Dans le *sonnet*, l'épode est *terminale* et *hypercatalectique* ; la première stance a 4 vers, la seconde 4, la stance terminale 6 ; si l'on divise celle-ci en deux parties, chaque partie contient 3 vers, et est, au contraire, *catalectique*.

Dans la ballade, la strophe *lato sensu*, au lieu de se composer de deux stances : la strophe *stricto sensu* et l'antistrophe, se compose de trois strophes semblables, de huit vers ou de dix vers ; l'épode ne contient alors que quatre vers ou cinq vers, et est nettement *catalectique*.

Cette catalexe dans le nombre des vers de la stance ne produit pas moins d'effet que la catalexe ci-dessus décrite du nombre des syllabes dans le vers. Elle rompt la marche uniforme du poème, l'écourte, en fait sortir une *impression plus vive*.

Dans le sonnet, cette discordance rythmique apparente de l'épode ressort encore davantage par un savant artifice. L'uniformité de la strophe et de l'antistrophe est établie d'une manière parfaite, la disposition des rimes doit être la mêm dans les deux quatrains 1° ABBA 2° ABBA, tandis qu'entre les deux derniers tercets la disposition des rimes diffère 1° CCD 2° EDE. D'un autre côté l'on établit un lien étroit par la rime entre les deux quatrains. A, qui finit le premier quatrain, commence le second et rime avec le premier A du premier quatrain ; au contraire, la rupture des rimes entre les quatrains et les tercets est complète.

9° *La formation impaire de la rime*, ou emploi de la *rime redoublée*.

Cette rubrique ne se comprendra bien qu'après quelques explications.

La rime ne peut exister que par le *retour* deux fois au moins du même *son*, mais ce son, au lieu de revenir *deux fois*, peut revenir *trois*, *quatre* ou *cinq* fois ; le retour de la rime plus de trois fois est anormal ; il n'y a à considérer pratiquement que le retour du même son deux ou trois fois.

D'autre côté, les rimes peuvent être *plates* ou *croisées* ; les rimes plates flattent, non plus agréablement, mais plus fortement l'oreille.

Enfin, ce qui a jusqu'à ce jour échappé aux remarques, la rime est de deux sortes : *phonique* ou *psychique* ; la *phonique* consiste dans la *répétition du même son*, la *psychique* consiste dans la *répétition de la même idée*, et par conséquent du *même mot*, ou de la *même pensée*, et par conséquent de la *même phrase*.

Ceci dit, voyons comment la *rime* est, *en tant que rime, paire* ou *impaire*, et quels effets différents on peut en tirer.

a) *Rime phonique.*

Presque toujours la rime est paire, et à ce titre on reste dans le mode **majeur** ; c'est ce qui a lieu, en particulier, dans le quatrain si usité. Quelquefois cependant, dans une stance, les rimes féminines se rangent par paires, tandis que les rimes masculines croisées qui les séparent, et finalement les englobent, sont au nombre de trois. Cette strophe lyrique est assez commune. Alors le caractère se teinte de mineur, mais l'éloignement des rimes impaires les unes des autres, les rapprochant, au contraire, des rimes paires, efface presque entièrement ce caractère. On peut citer dans ce cas la strophe suivante :

> Ainsi quand nous cherchons en vain dans nos pensées
> D'un air qui nous charmait les traces effacées,
> Si quelque souffle harmonieux,
> Effleurant au hasard la harpe détendue,
> En tire seulement une note perdue,
> Des larmes roulent de nos yeux !
> D'un seul son retrouvé l'air entier se réveille,
> Il rajeunit notre âme et remplit notre oreille
> D'un souvenir mélodieux.
>
> (LAMARTINE).

Mais dans les cas suivants, le caractère mineur devient *dominant*.

C'est d'abord et surtout dans la strophe ternaire, où les trois vers qui composent seuls la strophe sont tous les trois sur la même rime. Nous en avons cité des exemples. On peut dire que la rime est l'âme du vers français ; la rime ternaire, réunie au nombre de vers ternaire de la strophe, est *la plus forte expression du mode mineur*.

Mais partout où trois rimes semblables se suivent sans intervalles, ce caractère ressort.

Cette succession de trois rimes semblables est obligatoire dans un poème à forme fixe : le *triolet*. Dans le triolet, le 3e, le 4e et le 5e vers sont sur la même rime. Aussi l'effet en est saisissant.

> L'homme est oublieux bien plus que l'enfant.
> Pardon si je t'ai parfois oubliée !
> Lorsque tout l'attaque et qu'il se défend,
> L'homme est oublieux bien plus que l'enfant.
> Son cœur est un vase hélas ! qui se fend,
> Son âme elle-même est faible et pliée.
> L'homme est oublieux bien plus que l'enfant.
> Pardon si je t'ai parfois oubliée !

Dans cette stance la répétition ternaire des rimes est très

singulière. La plus remarquable est celle ci-dessus signalée, grâce à elle, le 3º, le 4º et le 5º vers forment une masse compacte puissante. Mais ce n'est pas tout, ce groupe tout entier rime avec deux vers isolés, avec le premier et l'avant-dernier de la stance. Enfin les rimes féminines en *liée*, très écartées les unes des autres, riment en ternaires : *oubliée*, *pliée* et *oubliée* des 2º, 6º et 8º vers.

Ainsi la rime ternaire s'établit en trois sens différents dans le triolet, c'est ce qui fait, au point de vue phonique, le grand charme de ce petit poème délicieux.

Dans le *rondel*, la 1ʳᵉ stance et la 3ᵉ sont organisées de manière qu'une des rimes y revient trois fois, tandis que l'autre deux seulement ; il y a donc pour l'une d'elles combinaison ternaire. Mais, de plus, le même groupe de rimes revient dans chacune des trois stances, ce qui fait un agencement ternaire nouveau.

Dans le *rondel*, c'est le dernier de ces effets seulement qui se produit ; il y a trois stances, et chaque couple de rimes se reproduisant dans chacune des trois stances, une combinaison ternaire en résulte.

b) *Rime psychique.*

La rime psychique consiste dans la *répétition* soit du même *mot*, soit du même *vers entier*, soit de la même *stance entière*.

La répétion de la même stance entière ne se trouve que dans la chanson, elle y constitue le *refrain*. Mais le refrain se répète indéfiniment, rien ne l'astreint à ne se répéter que trois fois ou un nombre impair de fois ; aussi la chanson, dans sa structure, appartient-elle au mode majeur.

La répétition du même vers ou même d'un distique entier se trouve dans le *triolet* et le *rondel*.

Dans le triolet cette répétition du même vers se fait dans la même stance, elle s'y fait trois fois. On peut se reporter à l'exemple donné plus haut, où le 1ᵉʳ, le 4ᵉ et le 7ᵉ vers sont identiques. Une autre concordance est en germe entre le 2ᵉ vers et le 8ᵉ vers ; si cette concordance a été tronquée, cela dépend de l'application d'un principe que nous décrirons ailleurs.

Cette rime ternaire psychique du triolet vient s'unir aux

rimes ternaires phoniques que nous avons décrites, pour donner son cachet mineur à ce poème.

Dans le *rondel*, cette même répétition a lieu, elle est aussi d'un distique, et non d'un simple vers, certains auteurs réduisent cependant à la fin ce distique à un seul vers. Ce distique qui commence la première stance finit la seconde et la troisième.

Dans le rondeau, il ne s'agit plus d'un distique ou d'un vers, mais souvent d'un seul mot.

>   Maman !... ce n'est pas même nom que mère.
>   L'enfant l'a trouvé dans sa plainte amère,
>   L'enfant l'a clamé dans son cri joyeux,
>   Plus beau que papa, plus aimant que père.
>
>   Il dure le temps de vie éphémère,
>   Le garçon grandi voudrait bi n e taire,
>   Dans le noir chagrin il crie encor mieux :
>   Maman !
>
>   L'épouse est venue, on n'a plus que faire
>   De ce nom si vieux ; on le laisse à terre.
>   Nous voilà partis soudain pour les cieux.
>   Bonjour les petits, bonsoir les aïeux !...
>   Mais je redescends le cœur solitaire...
>   Maman !

Le *mot — refrain*, revient ainsi trois fois ; comme ce retour consiste en un mot seul, il faut le détacher vivement et pour cela il ne doit pas faire retour phonique, il ne doit pas rimer, cela le met davantage en vedette. Il commence la pièce et la finit, il se trouve au commencement de la première strophe, à la fin de la seconde et de la troisième. Enfin il doit renfermer l'idée dominante de la pièce. Ce que nous remarquerons ici, c'est sa répétion impaire.

10° *Altération de la rime en assonance ou en terminaison non rimée.*

Ce n'est pas l'emploi d'un système ternaire seul, ce n'est pas même l'emploi de ce système par lui-même qui constitue le mode mineur. Le système ternaire n'est mineur que parce qu'il altère ainsi le système normal et pair dont il est la mutilation, la catalexe. C'est l'*altération* qui constitue le *mineur*.

Or, une des altérations les plus remarquables, quoique peu fréquentes, c'est celle de la *rime*. Elle n'existe que dans la *ritournelle italienne*.

La stance de cette ritournelle se compose de *ternaires* ; les trois vers ont la même rime, mais la seconde de ces rimes est altérée en simple assonance.

En voici un exemple :

> Ta jeune voix
> Que je buvais si claire en la brise du soir,
> Elle parle si bas qu'à peine je la vois ;

> Ta douce lèvre,
> Que je pressais, qui me pressait, elle est trop faible,
> Elle tremble, elle brûle, elle tremble la fièvre.

> Ton franc regard
> Qui dans le mien toujours se plongeait tant loyal
> Il a fixé les cieux comme pour le départ.

Ce rythme spécial a pour base le ternaire, il en augmente l'effet par cette légère altération de la rime du vers médian.

On peut aller plus loin et supprimer entièrement la rime du vers médian. Cette suppression a lieu dans deux cas, dans celui du *ghazal* et dans celui du vers *réfléchi*.

Le *ghazal* consiste à faire rimer les vers, seulement d'un vers l'un, mais les vers qui riment tantôt d'une rime simple, tantôt d'une rime psychique renforcent la rime phonique. Pour rendre la rime qui subsiste plus sensible, les deux premiers vers du poème doivent, par exception, rimer ensemble.

Voici un exemple du ghazal phonique.

> La musique la mieux aimée
> C'est la voix de la bien-aimée,
> Quand de loin sous un rire clair,
> Dans une haleine parfumée,
> Elle redit au frais matin,
> La même note accoutumée.
> Je l'écoute et l'entends toujours
> Au fond de l'oreille charmée.

Le retour de la même rime dans *chaque vers pair* empêche l'oreille de s'apercevoir de l'absence de rime dans *chaque vers impair*.

Ainsi, en frappant vivement l'oreille au début par la répétition de la même rime, en répétant cette même rime à tous les vers pairs, on a dans dans les vers impairs la sensation d'une rime qui n'y existe pas.

Ce qui n'est qu'une exception chez nous est une règle chez certains peuples. La rythmique chinoise se fonde sur la rime de tous les vers pairs, et l'absence de rime de tous les vers impairs. Cela semble à ce peuple bien plus harmonieux que la rime de tous les vers sans distinction.

En effet, cet atrophiement de tous les vers impairs fait attendre et désirer d'autant plus les vers pairs qui porteront la rime. Il y a là une harmonie différée sur laquelle nous reviendrons bientôt.

Le même phénomène, doublé de celui de la simple assonance, se retrouve dans la poésie espagnole, non seulement dans la versification populaire, mais aussi dans une versification spéciale qu'on appelle *in romance*, ainsi définie par le dictionnaire « *composicion propria y exclusiva de la poésia castellana en que se repite el mismo asonante en todos los versos pares.* » Dans ces vers, les vers pairs assonent seuls, aucun des vers ne rime.

En voici un exemple :

>Caminando, caminando
>Riberica del Butron
>A ver la mar, que me gusta
>Porque es grande como Dios,
>Mis compañeros me dicen
>Cou maliciosa intencion
>Viendo una casa escondida
>Entre manjanas en flor
>— No sabes quien alli vive ?
>Y dando un suspiro yo
>Digo : ya non vive alli,
>Que vive en mi corazon.

La poésie populaire est conforme, quelquefois les vers pairs riment au lieu d'assoner.

Le *ghazal phonique* présente le même système, seulement les vers pairs ne riment pas entre eux seulement phoniquement, mais aussi psychiquement, c'est-à-dire qu'ils se terminent tous par le même mot.

> La lionne aime en son grand cœur,
> La fourmi dans son petit cœur,
> La femme aime aussi dans son âme,
> Et dans son sein et dans son cœur.
> L'amour différent est le même,
> Différent le même est le cœur.
> La sève est du sang pour la plante,
> Et sous l'écorce bat un cœur.
> Elle aime, elle fleurit et sème,
> Et la hache la frappe au cœur.
> L'esprit de l'homme est l'héritage,
> Mais il n'a que sa part de cœur.

La rime étant double et plus énergique dans les vers pairs, l'absence de rime dans les vers impairs passe totalement inaperçue, ou, plus exactement, on a dans ces vers la *sensation de la rime* qui n'y existe pas.

Le vers *réfléchi* compose une stance ternaire à rime psychique plus accentuée ; le troisième vers est la répétition exacte du premier, le second vers est sans rime. En voici un exemple :

> Quand je t'aimai d'abord je t'aimai pour toujours,
> Comme on n'aime jamais que dans l'heure première,
> Quand je t'aimai d'abord je t'aimai pour toujours.
>
> Mon amour grandissait quand tout autre s'éteint,
> Je n'ai pas de tes yeux épuisé la lumière,
> Mon amour grandissait quand tout autre s'éteint.

On voit que *première* ne rime avec aucun autre mot dans la première stance, mais il rime avec *lumière* de la seconde stance.

Ce soutien peut être entièrement supprimé.

> Mon Dieu, pourquoi m'as-tu donc abandonné ?
> De moi pourquoi détournes-tu ton visage ?
> Mon Dieu, pourquoi m'as-tu donc abandonné ?
>
> Ah ! maudits soient ta lumière et ton soleil,
> Ton firmament qui me voile ton mystère.
> Ah ! maudits soient ta lumière et ton soleil.

11° Harmonie discordante entre les repos phoniques et les repos psychiques.

Nous avons dans une monographie sur la *césure* expliqué en quoi consistent ces *deux repos* : l'un est la *fin d'un mot* ou d'un *pied*, l'autre est la *fin du sens*.

Dans le système classique des vers français, dans l'alexandrin par exemple, chaque vers doit se terminer par une fin de mot et un accent, il doit de plus et en même temps se terminer par une fin de phrase ou de membre de phrase. De même, à l'hémistiche, chaque moitié du vers doit finir par une fin de mot et un accent, et d'autre côté le sens doit être terminé. Les repos psychique et phonique coïncident partout. L'alexandrin se déroule tranquillement dans *toute son amplitude*, c'est le *mode majeur*.

Mais l'école *romantique* est survenue, qui a créé une nouvelle source de *mode mineur* dans le rythme en créant entre les deux vers subséquents, aussi entre les deux hémistiches, et surtout entre les deux repos d'ordre différent, une harmonie non plus simple et immédiate, mais *différée*, à première apparence, une *discordance véritable*. Ce système fut réalisé à la fois par l'*enjambement* et par la *césure psychique à place variable*. Par l'enjambement le vers finit bien sur un repos phonique, mais le sens court au delà et ne se repose qu'après le vers suivant commencé ; par la nouvelle césure, l'hémistiche se termine bien toujours sur une syllabe tonique et sur la fin d'un mot, mais le sens court au delà et ne s'arrête que quand il lui plaît. Il y a donc altération grave de l'accord entre l'élément phonique et le psychique.

Il est vrai que ce désaccord momentané va un peu plus loin se résoudre en accord, et que l'harmonie n'est que différée ; mais l'harmonie différée elle-même est une altération de l'immédiate.

Nous n'insistons pas davantage et nous renvoyons à notre monographie sur la *césure*.

12° *La suppression de la thésis à volonté.*

Nous avons déjà remarqué, à propos des rimes *masculine* et *féminine*, et surtout à propos de la *catalexe*, que l'altération de la rime et la création du mode majeur résultent de la *suppression d'une thésis* à la fin du vers ou à la fin d'un hémistiche.

A cet ordre d'idées se rattache la suppression de la **thésis** à n'importe quelle place du vers, que nous trouvons, non dans le vers français, mais dans le vers saturnien latin et dans l'ancien vers germanique.

Nous avons ailleurs décrit ce phénomène si singulier. Dans le vieux germanique, il n'y a, en réalité, que les *arsis* qui comptent, le vers entier peut se passer de *thésis*.

13° *Le nombre inégal des syllabes dans chaque partie du vers.*

Normalement, le vers ne se balance bien, s'il se différencie en deux hémistiches, que lorsque ces deux hémistiches sont *égaux*; autrement le vers est boiteux.

Plus la différence entre les deux hémistiches sera petite, plus l'irrégularité sera choquante. Si l'on divise l'alexandrin en $6 + 6$, le balancement est parfait; si on le divise en $4 + 8$, il le sera moins, mais cependant il n'y a pas asymétrie choquante; si on le divise en $5 + 7$ ou $7 + 5$, il y a disharmonie.

Entre l'harmonie complète de $6 + 6$ et la disharmonie de $5 + 7$ ou $7 + 5$ se place l'harmonie instable $4 + 8$ ou $3 + 9$: ces harmonies ne sont pas fréquentes dans l'alexandrin.

Mais dans d'autres vers et d'une manière normale, le vers peut se diviser, soit inégalement, soit également, et dans les deux cas reste très harmonieux.

C'est ce qui arrive dans le décasyllabe qui suit les deux formules $5 + 5$ ou $4 + 6$ et même celle $6 + 4$. La première formule cependant est le mode mineur dans ce vers parce que le nombre des syllabes de chaque hémistiche est impair; mais les autres formules, quoique majeures de ce côté, deviennent mineures en ce que le nombre syllabique est différent dans chaque hémistiche.

14° *Vers qui dépasse le nombre* **maximum** *de syllabes.*

Le nombre *maximum* et *normal* de syllabes dans le vers français s'élève à *douze*; dans d'autres versifications il est beaucoup plus élevé; en anglais on trouve fréquemment le vers de *quatorze* syllabes ; le vers latin peut avoir *dix-huit* syllabes, en tout cas il varie de douze à dix-huit, le nombre *douze* est un *minimum*.

C'est donc une grave erreur d'opposer aux vers supérieurs à l'alexandrin une sorte d'impossibilité qui résulterait de la durée du souffle, et c'est dans cette erreur qu'est tombé Becq de Fouquières : le vers naturel est beaucoup plus long, et la durée de l'alexandrin est bien plutôt une moyenne.

Cependant, dans la versification française positive c'est une sorte de *maximum*. Aussi la routine, qui est une qualité inhérente au genre humain et en particulier aux Français, fait-elle rejeter *a priori* les vers plus longs. Nous n'avons pas ici à les défendre, mais seulement à en montrer le vrai caractère rythmique.

Les vers supérieurs à 12 syllabes sont *impairs* ou *pairs;* nous avons déjà étudié les premiers comme impairs, il reste à les étudier avec les autres comme hypercatalectiques à la longueur normale.

Ces vers sont ceux de 13, 14, 15, 16, 18 et 24 syllabes. Prenons les chacun séparément.

Le vers de 13 syllabes est déjà mineur comme syllabique impair, il l'est encore parce qu'il se partage souvent en trois parties par la *bicésure* 3 + 5 + 5, et en ce qu'alors chacune de ses parties est syllabique impaire ; il l'est même quand il suit les formules non césurées 7 + 6 ou 6 + 7, parce que le nombre de syllabes n'est pas le même dans chaque hémistiche. Enfin il l'est, en dehors de tout cela, parce qu'il dépasse la longueur à laquelle l'oreille est habituée et est hypercatalectique du vers normal.

Le vers de 14 syllabes est un mode mineur parce qu'il se bicésure la plupart du temps, ce qui lui fait 3 parties, parce qu'alors une de ses parties est inégale aux autres et que plusieurs sont à nombre syllabique impair ; il l'est encore, mais unicésuré, dans la formule 7 + 7, parce qu'alors chaque hémistiche est à nombre syllabique impair.

Le vers de 15 syllabes est un mode mineur, parce qu'il est à nombre de syllabes impair, parce qu'il se bicésure et est alors à nombre impair de parties, et que chacune de ces parties contient un nombre impair de syllabes, parce que, s'il est unicésuré 7 + 8 ou 8 + 7, les deux hémistiches sont inégaux ; il est mineur parce qu'il dépasse de beaucoup la longueur normale, et ainsi surprend l'oreille en produisant un effet hypercatalectique.

Le vers de 16 syllabes est mineur, mais non plus avec tous ces caractères. Il est à nombre pair de syllabes, et s'il est unicésuré les syllabes de ses hémistiches sont égales et à nombre pair ; mais s'il est bicésuré 5+5+6 ou 6+5+5 ou 5+6+5, il a un nombre impair de parties, et plusieurs de ces parties ont un nombre syllabique impair. Dans tous les cas, il est si long, que la bicésure y est presque indispensable.

Le vers de 18 syllabes est mineur parce qu'il est nécessairement bicésuré et qu'alors il a trois parties.

Enfin le vers de 24 syllabes, absolument inusité, est pair, et chacune de ses divisions est aussi à nombre syllabique pair. Il semble donc rentrer dans le mode majeur, mais il en sort par sa longueur démesurée qui alourdit sa marche et renforce son impression.

Quelques-uns vont jusqu'à nier l'existence de certains de ces vers. Le vers de 24 syllabes, disent-ils, n'est autre chose que la réunion de deux vers de 12 syllabes chacun ; celui de 16 syllabes est la réunion de deux vers de 8 ; celui de 14 la réunion de deux vers de 7 ; les vers impairs eux-mêmes sont la réunion de deux vers différents ; seulement l'un des deux ne rime pas. C'est inexact; d'abord l'absence de rime suffirait pour prouver qu'il n'y a qu'un seul vers, puisque tous les vers entiers riment. Puis la fin de l'hémistiche ne s'élide pas et ne souffre pas d'hiatus, tandis que la fin du vers est dans un état contraire; enfin le repos du sens est beaucoup moins complet à un hémistiche qu'à une fin de vers. Enfin la bicésure, quand elle a lieu, enlève à cette opinion tout son fondement, même apparent.

C'est un préjugé rythmique qui a fait repousser en français les vers supérieurs à douze syllabes.

15° *La mesure ternaire opposée à la mesure binaire.*

Ici nous sortons de la rythmique française. On sait qu'en latin, et en beaucoup d'autres langues, un pied se compose soit d'une longue et d'une brève, l'iambe, le trochée ∨—, —∨, soit d'une longue et de deux brèves, soit de deux longues, le dactyle, l'anapeste, le spondée, — ∨ ∨, ∨ ∨ —, — —. Dans le premier cas il y a en réalité une mesure à trois temps, dans le second une mesure à quatre temps, ce qui correspond aux mesures ternaire et binaire de la musique.

Le rythme binaire est celui de la poésie héroïque ou narrative, absolument comme l'alexandrin en français, c'est lui qui se déploie dans toute son amplitude, dans sa perfection. Le rythme ternaire se rapproche plus de la prose, il est employé dans la comédie ; il exprime des sentiments plus heurtés. Il a tous les caractères du mineur. Il serait facile d'en faire la démonstration par des exemples. Il admet aussi beaucoup de substitutions, ce qui lui donne une apparence d'irrégularité.

16° *Le rythme ascendant opposé au rythme descendant.*

Le rythme *ascendant* est celui dans lequel le temps faible précède le temps fort ∨ —, ∨ ∨ — ; — — ; le rythme *descendant* est celui où le temps fort précède le temps faible — ∨, — ∨ ∨, — —.

Le seul *rythme musical* est le rythme descendant, le temps fort doit précéder le temps faible, mais il en est souvent autrement.

Pour ramener le rythme ascendant au rythme descendant, on est obligé de créer une *anacruse* au commencement du vers et une *catalexe* à la fin.

Le rythme ascendant est donc, en réalité, catalectique, et à ce titre ressortit au mode mineur.

Nous avons vu en quoi consiste le mode mineur et quels sont ses divers moyens de réalisation. Etablissons maintenant les effets psychiques qui en résultent.

CHAPITRE DEUXIÈME

Effets psychiques du mode mineur et de chaque procédé de ce mode.

Il résulte de l'examen de la partie mécanique du mode mineur qu'il ne reste plus à appartenir au mode majeur que l'alexandrin, les vers de 8 et de 6 syllabes, et, dans une certaine mesure, seulement le décasyllabe de la formule ancienne 4 + 6 : le tout unicésuré dès que la longueur du vers l'exige, et possédant un repos, tant psychique que rythmique, à la fin et à chaque hémistiche. C'est précisément, en français, le domaine étroit, nettement circonscrit, de la *versification classique*, laquelle coïncide exactement avec le mode majeur.

Or, dans ce rythme, dans ce cadre étroit, mais sûr, les plus beaux sentiments ont été dits, les plus beaux vers facturés ; il suffit à exprimer les idées d'ordres différents et même contraires : douleur, joie, ironie. Qu'est-il besoin d'en chercher péniblement d'autres, puisque nous possédons un instrument parfait, consacré, et qui suffit à tout !

Nous ne voulons pas affaiblir l'objection. Nous reconnaissons qu'il n'est pas possible de créer de plus beaux vers en français que l'*alexandrin* et l'*octosyllabe*, nous reconnaissons même que dans leur forme la plus classique ils peuvent produire les plus grandes beautés.

A quoi bon alors les alexandrins trimètres, les pièces à rimes féminines seules, les vers de 11, 13, 14 syllabes, et autres procédés *modernistes*, si ce n'est à tourmenter le rythme et la pensée, à créer moins parfait que ce qui existe, et à jeter le trouble dans l'*oscillation* ample et tranquille du vers.

Il faut répondre que sans doute les formes régulières suffisent à l'expression de sentiments tous réguliers, quoique de natures très diverses, joyeux, tristes, etc., mais non à celle de sentiments irréguliers, étouffés, heurtés, tels qu'ils existent aussi dans la pensée humaine, sentiments non seulement réels, mais esthétiques à leur manière, qui ne peuvent être bien rendus que par un rythme qui reproduise, pour ainsi dire, leur configuration, leur habitude, leurs mutilations, leurs élans et leurs arrêts. Il s'agit de la douleur ; elle s'exprime de deux sortes bien différentes : la voilà qui jaillit en plein, qui trouve sa satisfaction, son apaisement successif dans les larmes mêmes, elle s'y développe tranquillement ; au contraire, la voici muette, concentrée, refoulée par tout ce qui l'entoure, non satisfaite. Ces deux douleurs si différentes s'exprimeront-elles de la même façon ? A l'une, l'amplitude, la régularité du vers conviendra ; elle coulera comme le vers, ou plutôt le vers coulera comme elle et à son instar ; à l'autre, au contraire, il faudra un vers contenu, heurté, interrompu comme elle, un vers plus dur et plus saccadé, auquel il manquera quelque chose, comme ce qui manque à la douleur qui ne peut avoir son cours et s'épancher.

S'agit-il d'exprimer la joie, il en est de même. Il y a des joies douces, successives, qui suivent un cours large, régulier comme les tristesses ; il y a, au contraire, les joies brusques, saccadées, exclamatives. Celles-ci ne pourront jamais s'exprimer en mode majeur, pas plus que des tristesses. *La joie fait peur.* De telles joies auront, comme les douleurs brusques qu'elles touchent de si près, leur expression seulement en mineur.

Sans doute l'expression en majeur peut être même alors plus parfaite, plus belle en soi ; mais elle sera *moins convenable, moins adéquate* au sujet ; le vers sera peut-être le portrait, il ne sera plus la photographie, le *moulage de la sensation ;* ce ne sera plus qu'une traduction, non une transcription.

Voilà pourquoi, malgré la perfection, qu'on ne peut dépasser, *du vers en mode majeur,* en *mode classique,* il faut créer le *mode mineur,* et dans *un intérêt objectif,* dans l'intérêt de la fidélité de la peinture ; *le mode mineur donne seul le portrait de certains états d'âme.*

Ceci est la mesure de l'emploi du mode mineur.

Rien de plus absurde que de l'employer à l'expression des

sentiments qui doivent être rendus en majeur. A la rigueur, on peut, au contraire, employer le majeur dans tous les cas ; alors l'expression n'est pas *exacte*, elle est *raisonnée et non sensationnelle*, mais elle n'est pas choquante. Au contraire, si le rythme en mineur est maladroitement employé, il n'en résulte plus qu'une expression d'étrangeté, d'effort, d'affectation qui choque.

Cet emploi contribue à discréditer le mode mineur, ce qui est inséparable de tous essais, mais ne doit pas être vivement blâmé, doit être empêché seulement.

Dans ce but, il est utile de dégager et de marquer ici la sensation spéciale qui s'attache à chacun des phénomènes de modes mineurs que nous avons ci-dessus décrits matériellement.

Nous ne voulons pas tous les reprendre, nous n'en examinerons que les principaux, au point de vue de l'effet psychique.

Ce sont : 1° la rupture de l'alternance entre les terminaisons masculine et féminine, 2° l'imparité du nombre des syllabes du vers, 3° la bicésure, 4° la division inégale du vers, 5° le nombre impair des vers de la stance, 6° les rimes ternaires, 7° l'altération de la rime, 8° le nombre impair des strophes pour les vers supérieurs à l'alexandrin.

1° *La rupture de l'alternance entre les rimes masculine et féminine est toute moderne.*

Il faut distinguer 1° la composition du poème entier en rimes d'une seule sorte, 2° celle d'une *stance* seulement, de cette manière, les rimes des stances alternant entre elles, 3° l'alternance des *rimes*, mais cependant de telle sorte qu'une terminaison féminine, par exemple, touche une autre terminaison féminine ne rimant pas avec elle.

Le premier mode doit être employé lorsqu'on doit exprimer des sentiments volontairement durs, heurtés, contenus, alors on peut n'admettre dans tout le poème que des rimes masculines ; les chansons Touraniennes de Richepin sont un modèle dans ce genre ; ou lorsqu'on a à exprimer des sentiments d'une tendresse plus grande, perdant pied au-dessus de la réalité, se fondant dans le rêve ou dans une sorte d'exaltation mystique, les pièces en rimes féminimes seulement rendront parfaitement cet état d'âme. Ces pièces féminines sont particulièrement *sonores*, et comme telles leurs terminaisons peuvent aussi exprimer une sorte d'onomatopée objective, et alors deviennent indirectement capables de rendre des sentiments vigoureux, brillants, mais alors avec une teinte qui les rapproche du *rêve*.

Ainsi, le vers masculin régnant pendant toute la pièce fait rentrer dans la *réalité* dure, l'exagère même, reporte au-dessous de la réalité, et répond à un *état d'âme* très pénible, nullement expansif, où le sentiment se charge, se surcharge, se comprime lui-même sans éclater ; le vers féminin, s'il règne seul, élève au-dessus de la réalité, comme si la terminaison masculine avait, en partant, retiré le poids qui l'attachait à terre, et fait entrer, par sa sonorité large, pleine d'échos et d'harmoniques, dans le rêve pur.

Si, par conséquent, on emploie le vers masculin et le féminin dans une direction contraire à la leur, toute la poésie est faussée, et l'impression est on ne peut plus désagréable.

La rime exclusivement masculine ou féminine peut ne régner que dans une stance, la stance qui suit la masculine étant purement féminine, et ainsi à l'infini ; ici encore, il faut que ce rythme ait sa raison d'être, qu'entre les deux stances qui se suivent il y ait *alternance de sentiments*. C'est comme un *dialogue* qui s'engage entre les deux stances, un *duo* dans lequel se font entendre successivement la voix grave et la voix claire.

Un effet moins grand est produit quand seulement une terminaison féminine touche de stance à stance une autre féminine rimant différemment. Le but est seulement alors d'amollir, d'atténuer la vigueur de l'effet total. Il faut encore ici agir à dessein, jamais au hasard.

Enfin on peut faire contraste dans la même pièce *entre deux parties*, l'une toute masculine, l'autre toute féminine. Ici encore il y a effet de contraste entre des sentiments contraires ayant successivement chacun son plein développement.

2° *L'imparité du nombre des syllabes du vers* est d'un effet psychique plus puissant. Ici il ne faut plus qu'il y ait à exprimer des sentiments au-dessus ou au-dessous de la normale, comme tout à l'heure ; il faut qu'on doive rendre des sentiments heurtés, froissés, très sombres. Mais alors il faut choisir entre les nombres impairs ; 9, 11, 13, 15, et dans chaque vers entre les diverses coupures.

Prenons d'abord le vers de 9 syllabes, celui des vers proscrits le plus commun. Il exprime bien des sentiments tristes, mais gardant une certaine vivacité. Il se chantera facilement, se cadence plus que tout autre, est très léger ou plus lourd suivant les césures.

Si l'on choisit 3-3 3, ce vers est très rapide ; mais, souvent interrompu, il exprimera un sentiment interrompu aussi, à courts élans, mais à élans se succédant rapidement. C'est un vers essentiellement mélancolique.

> Et la lune, et l'étoile, et la fleur
> Ont fleuri sans changer de couleur,
> L'homme aussi sans changer son malheur.

Si l'on choisit la coupure 4+5, l'allure est plus légère, en ce qu'il y a accélération vers la fin ; ce rythme exprime des sentiments qui se composent de dépressions suivies de relèvements, la mélancolie qui en résulte en sera un peu éclaircie.

> Le cœur est triste et le ciel lui-même
> Met son chagrin sur notre chagrin.
> Là-haut il n'est nul Dieu qui nous aime,
> Comme ici-bas nous n'aimons plus rien.

Si l'on choisit la coupure 5+4, l'impression sera toute contraire, le vers s'alourdit considérablement, il s'avance d'abord rapide, puis se ralentit ; ici la dépression suit le relèvement, il peint bien la tristesse finale, le découragement ; le vers suivant, qui commence à son tour avec plus de rapidité pour finir dans la même lenteur, rend cette impression encore plus forte ; ce vers est d'une tristesse définitive.

> Il fait son devoir pensif et morne,
> Bête de labour / au lourd collier,
> Le pauvre cheval, / jusqu'à la borne
> Où l'on doit tourner, / se replier.

Si l'on choisit une coupure 3+6, alors l'impression change encore.

> Elle semble aussi la chevelure
> Qui se penche et tourne autour du cou.
> Retombant sur la poitrine pure,
> Sur l'épaule à très fine sculpture,
> Sur sa tige et jusques au genou

La première partie se prononce lentement, la dernière plus rapidement ; la mélancolie en est amoindrie, le relèvement dépasse en durée et en nombre de syllabes la dépression.

Du reste, toutes les fois qu'un vers se coupe inégalement, si ce vers est en mineur, on augmente l'effet de tristesse en faisant la seconde partie plus courte que la première, on diminue cet effet en mettant dans la seconde partie un plus grand nombre de syllabes.

Le vers de neuf syllabes ne rend pas seulement bien la tristesse, mais aussi la joie, pourvu qu'elle soit de même nature, vive, interjective.

Le vers de 11 syllabes, ce catalectique de l'alexandrin, possède une grande force, il exprime les sentiments tristes et contenus avec plus de morosité. Il se mêle bien au vers de 12 syllabes, quand ceux-ci sont bicésurés.

> Jeanne Darc, reviens du ciel dans ton village,
> La France meurt, la douce France en vasselage.

Il contracte alors le vers de 12 syllabes, lui donne de temps en temps un mouvement nouveau.

Ce vers de 11 syllabes rend des sentiments différents suivant les différentes césures.

Nous venons de citer celle 3 — 4 — 4 où le vers est bicésuré ; il réussit surtout à activer quelque alexandrin qui l'accompagne, sa catalexe ne ressort bien qu'à côté d'un alexandrin trimètre.

La césure 5 + 6 le rend plus grave.

> Soleil, roi des cieux, de toute la nature,
> Je t'attends en l'ombre humide sur le sol,
> Je suis ton enfant, ta pauvre créature,
> Tu m'as réchauffé de ta chaleur si pure,
> J'ai rampé ... marché ... je vais prendre mon vol.

La césure 6 + 5 le rend plus grave encore, pour le motif déjà donné, parce que la seconde partie du vers possède moins de syllabes que la première, de sorte que la phrase, qui commence par un relèvement de mouvement, finit par une dépression. En voici un exemple :

> En avant ! ventre à terre ! au galop ! hurrah !
> Plus d'un bon vivant
> Qui fendait le vent
> Aujourd'hui sous le vent du destin mourra.
>
> (RICHEPIN).

La forme 4 + 7 a été employée par Richepin :

> Nous nous aimions, sans nous être rien promis,
> O le meilleur, le plus vieux de mes amis !
> Et tout chez l'un était à l'autre permis.

Le vers de 13 syllabes est moins sombre que le vers de 11 syllabes, surtout lorsqu'on le bicésure ainsi 3 + 5 + 5. Sa légèreté lui vient de ce qu'il contient une partie initiale basique renfermant moins de syllabes que chacune des deux autres, en ce que les deux autres parties forment un décasyllabe, vers majeur et très léger. Ce vers a une teinte très douce, plutôt que triste, il est seulement teinté de mélancolie. Il conviendrait donc mal à rendre des sentiments trop sombres.

> Mon enfant, reste tout petit pour qu'on s'aime bien,
> Ne grandis même pas tes yeux ni ton bon sourire,
> Tu seras plus fort ou meilleur, mais pas autant mien ;
> Ton regard dans mon seul regard se voit et se mire,
> Mon enfant, reste tout petit pour qu'on s'aime bien.

Il exprime une certaine morosité dans sa première partie, la *partie basique*, puis il s'envole, devient léger et prend une grande douceur.

Si l'on emploie les autres formules 7 + 6 ou 6 + 7, le vers est beaucoup plus lourd.

Les vers précédemment cités, si l'on ne s'y arrête pas à la césure basique, peuvent se scander 8 + 5.

> Mon enfant, reste tout petit / pour qu'on s'aime bien.

Alors la sensation est beaucoup plus triste en vertu du principe exprimé plus haut.

C'est un exemple des cas où la *scansion différente* peut *changer l'effet sensationnel* d'un vers.

Le vers de 15 syllabes est beaucoup moins grave que les vers d'un nombre de syllabes plus faible, et cette anomalie semble singulière, mais elle est réelle. Elle s'explique par les composantes du vers.

En effet, sa seule constitution naturelle est celle suivant la formule $5 + 5 + 5$; et si l'on prend chaque élément on voit qu'on arrive à une prononciation rapide ; les éléments 5 ne peuvent se décomposer qu'en $2 + 3$ où $3 + 2$, et on ne peut se reposer après 2 ou 3 seulement, on est entraîné jusqu'à la fin du membre entier : le second membre a déjà pris du premier son mouvement et on a le vers de 10 syllabes qui, comme chacun le sait, est des plus rapides ; le troisième membre suit le mouvement qui même s'accélère. Le vers de 15 syllabes, malgré sa longueur, est donc des plus légers, il est aussi mieux cadencé, son oscillation est aussi régulière, son amplitude est aussi belle que celle de l'alexandrin, il convient aux sentiments tendres, comme le décasyllabe, seulement avec plus de morosité et une nuance de délicatesse encore plus grande.

> Tout, ton petit nez, tes yeux, tes beaux yeux et ta lèvre, dort,
> Tes cheveux épars en vain vivement chatouillent l'oreille,
> Et l'oiseau là-bas en vain t'appela, rien ne te réveille,
> Rien qu'un doux baiser, plus doux que la nuit et meilleur que l'or

Nous ne connaissons pas de vers de 17, ou de 19 syllabes, et nous ne voyons pas comment ils prendraient la cadence. Restent les petits vers de 3, 5 et 7 syllabes.

Le vers de 3 syllabes est très important, il est difficile à faire et appartient à un ton décidément mineur, il peut exprimer mieux que tout autre des sentiments exclamatifs, interjectifs, *il est au vers ce que l'interjection est à la prose*. Il est forcément un peu elliptique, mais il condense les sensations et les fait rapidement jaillir. Du reste ces sensations peuvent être dures et violentes, ou, au contraire, très douces.

Voici des exemples dans les deux tons.

1° Sabre au clair,
Dans l'éclair
Nous courons ;
Sabre au clair
Dans l'éclair,
Nous sabrons ;

2° Main petite,
Dans la mienne
Venez vite,
Frêle et saine,
Main bénite,
D'amour pleine,

Sabre au clair   Main de laine,
En plein air   Venez vite.
Nous mourons.
Sabre au clair
Au grand trot,
Sabre au clair
Au galop.

Le caractère du vers de 3 syllabes semble encore plus marqué si l'on songe qu'il est le *catalectique* du vers de quatre syllabes, et que celui-ci a un caractère tout opposé, aussi tranquille que celui de trois syllabes est troublé, ému. Le vers de quatre syllabes se balance, quoique très petit, et que la césure n'y soit pas obligatoire, en deux parties dont chacune de deux syllabes, ce qui lui donne une sorte de *quiétude charmante*. Il faut l'employer à exprimer, pour ainsi dire, des *sentiments reposés*.

Le vers de 5 syllabes a un caractère moins arrêté, on peut le faire ressortir en le comparant à celui dont il est le catalectique, au vers de six syllabes.

Voici celui de 6 syllabes :

> Ah ! bien loin de la voie
> Où marche le pécheur
> Chemine où Dieu t'envoie ;
> Enfant garde ta joie,
> Lys, garde ta blancheur.
>
> (Victor Hugo).

L'attitude du vers de 6 syllabes est comme réfléchie et reposée ; sa belle amplitude égale, dans sa proportion réduite, la beauté de l'amplitude de l'alexandrin, mais ce calme même, cette amplitude, le classent dans le mode majeur. C'est d'ailleurs le rythme habituel du vers populaire français.

Voici celui de 5 syllabes :

> Pauvre colibri,
> Vire, oiseau fleuri,
> Ta teinte ;
> Le serpent flétri
> Te voit, il a ri,

> Il tinte ;
> Ses yeux t'ont meurtri,
> Approche ahuri,
> Sans plainte.

L'équilibre de ce vers est moins stable, il ne peut plus se reposer en son milieu et former deux parties s'équilibrant ; il est plus rapide et convient à exprimer des sentiments moins tranquilles, moins reposés.

Le vers de 7 syllabes, *catalectique* du vers de 8, semble un vers de 8 qu'on a brusquement arrêté au moment où il allait s'accomplir ; il exprimera bien un sentiment rapide, non complet.

> L'indignation dans la prose,
> La colère dans le discours,
> N'ont point ces mots prompts et courts
> Roulant comme des tambours
> Que jamais on ne repose ;
> Le vers hardi, le vers ose.

Les deux premiers vers sont des octosyllabes, les suivants des vers de 7 syllabes ; le mouvement en diffère beaucoup.

L'imparité du nombre des syllabes du vers est un des moyens les plus naturels du mode mineur ; on voit de combien de manières elle se réalise, quels divers effets on peut en tirer.

3º *La bicésure* a été déjà observée tout à l'heure, quand il s'est agi des vers à nombre syllabique impair ; dans ces vers, lorsqu'ils sont longs, elle est nécessaire mécaniquement, et il n'y a plus à examiner et à juger par contraste ses effets spéciaux ; mais dans les vers de 9, de 11, et de 13 syllables, elle entre en *concurrence avec l'unicésure*. Dans ce cas, elle exprime des sentiments moins entrecoupés, heurtés et interjectifs, plus altérés, non pas plus sombres ; l'impression triste y est moins *crue* que dans le vers unicésuré. Elle conviendra mieux pour exprimer la mélancolie. Elle sera moins en mode mineur que l'unicésure.

Cela se comprend ; l'*unicésure, au point de vue mécanique*, est le *césure naturelle* de certains vers, de l'alexandrin par exemple ; comme elle est normale, la bicésure est anormale et exprime des sentiments exceptionnels. *L'inverse a lieu* dans les vers précités, où c'est, au contraire, la *bicésure* qui est *normale mécaniquement* et qui procure le mieux le *balancement phonique* ; grâce à elle, le vers de 9 syllabes se divise en trois parties égales ; ceux de 11 et de 13 syllabes peuvent avoir, au moins, 2 parties égales, celui de 15 en a 3. Alors *l'unicésure devient anormale*, donnant des *parties inégales*, et, devenue en *mode mineur*, elle exprime des sentiments exceptionnels et plus sombres.

Quant aux longs vers à nombre pair de syllabes que nous n'avons pas encore examinés, ceux de 14, de 16, de 18 et de 24 syllabes, on peut faire la même remarque dans ceux de 16, de 18 et dans celui de 24 ; la bicésure (dans le dernier avec une sous-césure) forme des parties égales, tandis que l'unicésure forme des parties inégales ! Dans le vers de 14 syllabes seul ce motif n'existe plus ; les deux systèmes donnent des parties égales, mais le vers de 14 syllabes bicésuré se soutient mieux, a plus d'équilibre.

Du reste, cet exemple a moins d'importance, parce que tous les vers qui dépassent les 12 syllabes, temps normal, sont par là même en mode mineur.

L'importance de la distinction entre l'*unicésure* et la *bicésure* est extrême dans l'*alexandrin*. Avant notre siècle la bicésure de l'alexandrin était inconnue. Aujourd'hui encore on ne l'admet que sporadiquement, et avec une place variable, non avec une place fixe. Il n'apparaît que comme *le résidu de la révolution romantique* et de son travail. Nous avons essayé de prouver quels effets on peut tirer de son emploi régulier.

Nous ne nous attarderons pas à expliquer ici la révolution romantique ; nous voudrions cependant indiquer la *génèse historique* du *trimètre* ou vers *alexandrin bicésuré*.

Victor Hugo a établi un *discord apparent*, en réalité, une *harmonie différée*, entre le *repos phonique* et le *repos psychique*, tant à l'*intérieur* qu'à l'*extérieur* du vers. Ne nous occupons que de la réforme intérieure.

Autrefois le *son* et le *sens* se reposaient ensemble à l'hémistiche ; ce *repos* ressemblait bien souvent à un *sommeil* ; c'est le besoin d'échapper à ce sommeil qui suggéra à notre grand poète l'idée de diviser ce repos. Cette idée était ingénieuse, autant que simple. Pendant que le son se reposait, le sens devait continuer sa marche ; à son tour, quand le sens se reposait, le son devait s'avancer.

> Je crains Dieu, cher Abner, et n'ai point d'autre crainte.

Après le *cher Abner* et avec lui, et la voix et l'esprit se reposent, et se reposent si bien qu'ils pourraient toujours rester là sans en demander davantage ; cela ne fait pas le compte de la phrase poétique qui ne vit que par le mouvement.

> Les syllabes ǁ pas plus / que Paris ǁ et que Londres /
> Ne se mêlaient ǁ ainsi / marchaient ǁ sans se confondre.

Après le mot : *syllabes*, le sens se repose, il faut prendre haleine, car nous allons avoir une longue incidente à prononcer : *pas plus que Paris et que Londres*, mais la voix ne se repose pas, car elle n'est pas rendue au point qui assurera le balancement, et d'ailleurs le mot : *syllabes* finit sur une voyelle sourde. Voilà donc le sens qui se repose, et le son qui continue sa marche. Lorsqu'on arrive à *plus*, seconde étape, c'est au tour du son de se reposer, c'est ce qu'il fait d'autant plus volontiers que le voici juste à mi-chemin, mais son compagnon veille pendant qu'il dort, il marche lui-même, et il le faut bien, car le sens est en suspens, et les mots : *pas plus* exigent impérieusement une suite. Cette suite, c'est : *que Paris*. Arrivé là, le sens peut se reposer à son tour, mais le son veille et marche, car il est entraîné à redescendre le second hémistiche dans la même étendue qu'il a monté le premier. A la fin du vers, les deux éléments, le *sens* et le *son*, se reposeraient ensemble, n'était l'*enjambement*. Grâce à celui-ci, le sens, après une seconde de repos, reprend seul sa marche.

Il en résulte que le *repos phonique* continue de laisser l'alexandrin *unicésuré* et à l'*hémistiche*, tandis que le *repos psychique* le faisait *bicésuré* à des *places variables*.

Quelquefois les places variables des repos psychiques se trouvent par hasard placées symétriquement de chaque côté de la césure phonique de l'hémistiche.

> Vivre casqué ǁ suer / l'été ǁ geler l'hiver.

Si ces repos psychiques tombaient alors sur des fins de mots, ils se doublaient de repos phoniques, et il devenait facile de scander ainsi :

> Vivre casqué /// suer l'été /// geler l'hiver.

En faisant abstraction du repos phonique de l'hémistiche qui pourtant subsistait. Ce vers se trouvait coupé en trois parties égales, c'était un trimètre régulier.

On pourrait même aller plus loin et dire :

> Et le vieux père / est étendu / prêt à partir.

où aucun repos phonique n'existe à l'hémistiche, puisque là se trouve le milieu d'un mot et une syllabe non accentuée.

Ce dernier vers lui-même ne se rencontre chez les *modernistes* qu'à l'état *sporadique*, mêlé à d'autres vers et comme *inconscient de lui-même*.

On peut cependant l'employer seul dans une pièce entière, ou le faire régulièrement alterner avec d'autres. Le premier, je crois, j'ai essayé de l'isoler ainsi.

Nous avons à examiner successivement quel est l'effet qu'on peut tirer de la *bicésure psychique à place irrégulière* employée depuis la révolution romantique : 2° quel est celui qu'on peut obtenir de la *bicésure tant phonique que psychique* de l'alexandrin à *places fixes et symétriques* que nous avons essayé.

Le *trimètre irrégulier* a pour but et pour effet de tirer l'alexandrin de son trop grand repos, de lui communiquer un mouvement perpétuel, *de le tenir toujours en haleine*. Au lieu de l'alexandrin à *oscillation large, tranquille, symétrique à la fois du rythme et de la pensée*, nous avons une *oscillation brusque, rapide et moins complète*, qui ne s'arrête point à un lieu terminal, mais nous entraîne sans presque jamais de repos complet. *Le sentiment qui correspond à cet état rythmique, et qui même s'en dégage, est de même nature*, il est troublé, inquiet, et remarquons en passant que ce double état rythmique qui correspond à deux époques, le XVII° et le XIX° siècle, correspond bien aussi à *deux états d'âme différents*, l'un aux passions plus simples du premier de ces siècles, l'autre à celles plus complexes, plus tourmentées, du nôtre.

Au point de vue *rythmique*, ainsi que l'a très bien remarqué Becq de Fouquières, *le trimètre est un dimètre inachevé*, ou au moins en donne l'impression, c'est ce qui le rend plus rapide. En effet, le dimètre, en réalité, se compose de quatre parties, chacune terminée par un accent tonique ; le trimètre n'a plus que trois parties, une des parties manque donc, par conséquent le vers est abrégé, *tronqué* ; cette circonstance importante renforce encore l'effet que nous venons de décrire.

Examinons maintenant l'effet que produit le vers trimètre, non plus irrégulier et indirectement produit, mais régulier et voulu

Nous l'avons employé de deux manières : seul, ou alternant stance à stance avec le dimètre.

Voici un exemple où il règne seul.

> Printemps est loin l'été fut long l'hiver est court ;
> Petite joie / il faut la prendre et la happer,
> Marcher parfois souvent s'asseoir et puis ramper,
> Les ans s'en vont / le jour s'enfuit et l'heure court.

> Sur un bâton / le seul ami qui peut tenir,
> Dans un jardin où de notre âge un arbre est né
> Il faut aller à petits pas / abandonné,
> A plus petits vers le logis s'en revenir.

Voici un autre exemple où il alterne stance à stance avec le dimètre.

> Debout ! il faut souffrir debout ! il faut lutter,
> Pour exister, hélas / seulement et pour vivre.
> La gloire ne tient plus la trompette de cuivre,
> Il s'agit de ne pas descendre. sans monter.

> C'est la défaite et la retraite / et la déroute,
> Le fier drapeau marche en arrière / et lentement,
> Les morts lassés ont attendu l'enterrement,
> L'esprit hésite / et la main cesse et le cœur doute.

On voit par ces exemples que le *trimètre régulier* est un vers essentiellement mineur, peignant à la fois la *vivacité* du sentiment et sa *morosité*, la vivacité par ses coupures fréquentes, la morosité par les repos qui en résultent.

La division du vers en deux parties inégales est nécessaire dans tous les vers à nombre syllabique impair quand ils ne sont pas bicésurés : il n'y a plus alors de choix à faire qu'entre la bicésure et l'unicésure. Nous venons d'indiquer quels sont les effets spéciaux qu'on peut obtenir par ce choix ; nous avons dit aussi plus haut quel effet différent s'obtient, suivant que c'est la première partie ou la seconde qui contient le plus de syllabes. En rendant la seconde partie plus courte, on la fait prononcer plus lentement, c'est ce ralentissement du vers à la fin qui lui imprime une grande tristesse.

Dans certains vers l'unicésure s'établit de manière à couper le vers en deux parties égales ou en deux parties inégales, c'est ce qui arrive surtout dans le décasyllabe qui suit les deux formules 5 + 5 ou 4 + 6 ou même 6 + 4. La formule la plus ancienne et classique est celle à parties inégales, parce qu'en dehors des raisons historiques, on obtient ainsi deux nombres pairs, tandis que la formule 5 — 5 donne deux nombres impairs : la formule 4 + 6 donne une grande douceur au vers, une *douceur tranquille* ; la formule 5 + 5 conserve le même caractère, mais avec plus de vivacité : elle a plus le caractère mineur que l'autre, par sa vivacité même, ce rythme exprime bien la joie dans son élan. La formule 6 + 4, ralentissant le rythme à la fin du vers, donne, au contraire, au décasyllabe une sensation très sombre qui ne lui appartient pas d'habitude. On peut comparer ces trois types.

Formule 4 + 6.

> Dans son sein pur, la petite patrie
> A conservé sa bonté simplement.
> Fraîche comme est la fleur de sa prairie,
> A son foyer elle est assise et prie
> En son antique et chaste vêtement.

Formule 5 + 5.

> Elle a pris au roc son robuste sein,
> Aux prés odorants sa fine mamelle,
> Vendu ses cheveux au marchand de crin,
> Mais ainsi qu'aux champs tout repousse en elle.

Formule 6 + 4.

> Enfin tout le mirage a disparu,
> Je me retrouve seul dans le désert,
> Parmi le sable ardent, sous le ciel cru,
> La peau, la chair, les os à découvert.

L'alexandrin même *unicésuré* peut se diviser en deux *parties inégales*, par exemple 4 + 8 ou même 5 + 7. La première formule peut être bonne, elle repose sur une césure basique ; la seconde ne balance pas bien le vers ; il s'arrête trop près du point où il se repose d'ordinaire, il en résulte une sorte de *battement*.

Lorsqu'il est *bicésuré*, ses trois parties sont, au point de vue psychique, égales ou inégales. Dans les inégales le mouvement est plus vif, parce qu'il est tantôt lent, tantôt accéléré, ce qui le rend davantage sensible, tandis que dans le trimètre régulier le mouvement est rapide, il est vrai, mais toujours le même, ce qui empêche de bien s'en apercevoir. La rapidité n'est pas la vivacité ; ce sont deux conditions distinctes.

5° *Le nombre impair des vers de la stance* est peut-être le plus simple moyen d'obtenir le mode mineur. Nous avons vu que ce mode comprend le *tercet* et le *ternaire*. Le poète, s'il doit exprimer des sentiments, mieux, des sensations très profondes et d'une nature grave, doit employer le ternaire ; aucun autre vers, s'il sait s'en servir, n'est capable d'aussi puissants effets. En même temps que la *profondeur* il exprime la *morosité*, par sa rime trois fois répétée qui produit phoniquement une sonorité à nulle autre pareille. Il est étonnant que ce rythme ne soit pas plus en usage, mais la routine est telle, dans les arts comme dans la vie, qu'elle ne doit étonner jamais. Le tercet produit une impression moins sombre, mais il en résulte une mélancolie très douce que le rythme apporte tout seul, et auquel il suffit que le sujet ne contredise pas formellement. Il a cet avantage de lier intimement les pensées qui se tiennent toutes ; aucune ne se succède sans transition, de par l'effet du rythme ; une stance pousse l'autre ; *c'est le rythme de l'association et de la filiation des sentiments*.

6° *Il faut en rapprocher les rimes ternaires.* Si la strophe ternaire a un si puissant effet, cela ne tient pas seulement au nombre impair des vers, mais aussi à la *rime trois fois répétée*. Cette répétition de la rime, à la fois de la rime phonique et de la psychique (cette fois avec une stance qui dépasse trois vers), a lieu dans le *triolet*. C'est une des stances les plus délicieuses qu'on puisse imaginer ; le poète devra bien prendre garde de la profaner, il ne doit l'employer que pour des sujets et d'une manière dignes d'elle, ou la stance se vengerait d'eux en rendant leur production insupportable. Le triolet est construit de manière à exprimer les sentiments les plus délicats. Il faut faire surtout attention à *sa triple rime psychique* consistant en la répétition trois fois d'un vers isolé, et deux fois d'un distique. Si ce distique est faible, c'en est fait de toute la stance, quand même le reste serait excellent. Répéter une chose médiocre la fait devenir tout à fait mauvaise.

La rime ternaire, mais cette fois psychique, se retrouve aussi dans le *rondel* et dans le *rondeau*. Dans le rondeau, elle consiste dans la répétition trois fois du même mot ; cette répétition ainsi faite exige que le mot mis en vedette résume toute la pièce et soit d'ailleurs par lui-même excellent. Ce mot est une véritable *interjection*, un *cri*, et le cri est une **parole sensationnelle** qui doit tout contenir.

De même le *rondel*, où la répétition est de toute une phrase. Cette phrase doit être très belle et très fine, sans quoi ce petit joyau n'est plus que l'enchâssement d'une perle qui fait défaut.

La rime psychique ou phonique trois fois répétée est on ne peut plus frappante, puisque la rime est l'âme du vers français, qui sans lui retournerait à la prose.

7° *L'altération de la rime*, soit en la faisant dégénérer en *assonance*, soit en l'*éloignant* beaucoup, soit en la *supprimant* complètement, est très sensible dans une versification qui repose principalement sur elle. Ce genre est si peu usité en français qu'il semble inutile de s'y arrêter, mais il a un grand développement en italien et surtout en espagnol où l'assonance est cultivée pour elle-même. Le *ghazal*, que nous avons décrit, offre un exemple de poésie rimant seulement d'un vers l'un. Ordinairement l'assonance simple, quand elle règne dans toute une pièce, gagne en étendue ce qu'elle perd en profondeur, et conduit souvent à la poésie monorime. La poésie à rime espacée, celle à rime assonante, celle monorime se rapprochent dans leur principe, et aussi dans leur effet général ; elles sont toutes en mode mineur. A cette poésie monorime il faut aussi rattacher le poème qui roule tout entier sur deux rimes, et par conséquent la ballade ; sous ce rapport le virelai ancien et nouveau, la villanelle, la ritournelle ne possèdent qu'une seule rime pour toute la pièce. Dans tous ces cas, il règne une teinte mélancholique d'un charme très pénétrant.

Ces deux situations contraires produisent le même effet ; que la rime soit atténuée en assonance, ou même en absence momentanée de rime, qu'elle doive s'étendre de manière à envahir toute la pièce, on sort de l'état normal de la rime ; il y a une altération de son caractère, une *atrophie* ou une *hypertrophie* qui lui donnent un certain charme de *morbidesse* tout particulier.

Il faut savoir employer ce moyen avec discernement, le réserver pour les impressions particulières qui impliquent un *retour*, un *ressouvenir* constant, et quand il s'agit de rime exagérée, au contraire, un trouble de sentiments, une solution de continuité dans les impressions, quand il s'agit d'une rime éloignée ou irrégulière, un ressouvenir lointain et qui se ressaisit peu à peu quand il s'agit d'une dégénérescence en assonance.

La *pièce monorime*, en particulier, exprime une *morosité* de sentiments, une continuité fixe d'impression qui convient très bien à certaines poésies ; on peut décider, pour obtenir la variété dans l'unité, que la partie assonantique sera partout monorime, tandis que la partie consonnantique ne le sera que dans chaque stance seulement.

8° *Le nombre impair des strophes* que nous avons expliqué dans son origine et sa partie mécanique, qui constitue les poèmes à nombre fixe de strophes et que nous trouvons dans le rondel, le rondeau et aussi, quoiqu'un peu défiguré, dans la ballade et le sonnet, par l'épode finale qui est une strophe atrophiée, fait naître rythmiquement une sensation d'arrêt, de dessin rythmique resté incomplet, diminué à la fin. Cette sensation correspond à un sentiment analogue, et toutes ces pièces ont un sentiment très fin, plus ou moins mélancolique.

Elles ont ceci de particulier qu'elles doivent mettre, dans leur partie terminale, une sorte de conclusion au sens et au sentiment suspendu et incertain dans le cours des strophes. De là, *le trait final*. On peut dire que le trait final est commun à toutes les poésies qui se développent par *strophes*, en ce sens, au moins, qu'il doit y avoir gradation ascendante entre les idées de la fin, dans chaque strophe et dans le poème tout entier. Dans un *quatrain*, par exemple, *le quatrième vers ne doit pas faiblir*, ou c'en est fait de la strophe entière, quand même les autres vers seraient d'une grande perfection et d'une grande intensité ; la faiblesse terminale n'en ressortirait que mieux. En d'autres termes, *toute strophe doit être ascendante.* Il en est de même du *poème entier* ; la dernière strophe doit résumer, condenser le tout, et répandre sur lui sa vive lumière.

S'il en est ainsi dans les autres poèmes, à plus forte raison dans les poèmes à forme fixe. C'est l'*épode* qui en est le *point culminant*, et, dans l'épode, la dernière partie. Dans la ballade, c'est l'envoi ; dans le sonnet, c'est le dernier tercet ; partout la finale. Au *caractère phonique épodique*, correspond *psychiquement* le *trait final*, le dernier degré de la marche ascendante.

9° *Les vers supérieurs à l'alexandrin* sont tous, par là même, en mode mineur ; nous avons expliqué comment, au point de vue rythmique. Psychiquement, l'impression qui s'en dégage est d'un caractère mélancolique et sombre, et parmi les différentes nuances de la mélancolie, ils conviendront par leur longueur pour en exprimer la *morosité* ; ils rendront aussi l'*extrême solennité* de certains sujets.

Il y a lieu de faire des distinctions entre ces différents vers.

Le vers de 14 syllabes s'exécute suivant les formules : *bicésurée* 4 + 5 + 5, *césurée* 7 + 7. La première est la plus naturelle, elle assure mieux l'équilibre, et empêche le vers d'être la réunion artificielle de deux vers de 7 syllabes dont un non rimé.

Voici un exemple de ce type.

> Mon âme est triste, et nul chant d'oiseau, nul rayon du ciel
> Ne la pénètre en son ombre épaisse, en sa solitude ;
> De longs malheurs l'ont placée enfin dans cette altitude,
> Et son chagrin est devenu doux, mais essentiel.
>
> Même en sa joie une teinte au fond reste indélébile
> Qui fonce un peu le plus clair regard, le plus vif amour,
> Dans le plaisir un arrière-goût prend vite le tour,
> Un seul moment ose battre haut mon cœur immobile.

Cette coupe est propre à exprimer la tristesse ou une joie teintée en mode mineur.

Si l'on ajoute une syllabe à la première partie, la tristesse persiste, mais la morosité disparaît ; celle-ci résulte d'une prononciation plus lente du premier membre.

Le vers de 16 syllabes est d'un sentiment tout autre ; il doit suivre l'une des deux formules 5 + 5 + 6 ou 6 + 5 + 5. Prenons la première. En voici un exemple :

Soleil, notre père, aux cieux notre ami, notre bonheur sur terre,
Grand soleil, soleil immense, salut ! bonjour, ô doux soleil,
Jamais, te voyant et te regardant, je ne suis solitaire,
Et si je pouvais longtemps te fixer, je saurais le mystère.
Ah ! reviens toujours, sois toujours présent, brille à chaque réveil.

La longueur extrême du vers ne permet plus l'expression de la mélancolie ; celle-ci passe à la solennité ou à la douleur ; il n'y a plus de teinte, mais une couleur sombre très prononcée. Un pareil vers ne convient que dans les sujets solennels, très graves.

Le vers de 18 syllabes ne peut se construire que d'après une seule formule 6 — 6 — 6 Il dérive de l'alexandrin dont il est le prolongement, comme le vers de 15 syllabes dérive du décasyllabe, il en conserve le caractère. Il convient à des sujets encore plus graves que le précédent ; c'est l'alexandrin renforcé. Voici la résurrection :

La trompette a sonné, les cloches ont chanté, tout le reste est silence,
L'ombre grandit autour, tout le bruit s'est éteint, les bouches sont sans
voix.
Seul au sommet des cieux, en un point éclatant, brûle un rayon qui
pense ;
Il pénètre partout, il va se reflétant sur une voûte immense,
Faisant la nuit visible ainsi que fait l'éclair en promenant ses doigts.

Les morts ont secoué leur voile de rocher, leur lourd manteau d'argile ;
Ils se sont lentement appuyés sur leurs mains, encor tout endormis,
Et dans leur tête éclot une demi-pensée, un souvenir fragile,
Un amour effacé, la douleur mal guérie, un bout de l'Evangile.
Où donc sont les enfants, où fut le bien-aimé, les premiers des amis ?

Le vers de 24 syllabes est encore plus grave, d'une teinte plus sombre ; c'est encore un multiple de l'alexandrin, de sorte que se forme cette série 12, 18, 24, tous multiples de 6. Tous ces vers ont une large amplitude d'oscillation, et ils seraient de mode majeur, n'était leur durée trop grande, qui ralentit l'élan de la sensation et lui donne toute sa force en profondeur.

Nous ne voulons citer que trois vers de ce genre.

Lui qui vivait errant, que nul n'avait reçu, que nul ne vêtissait, qui
par la soif ardente
Devant la goutte d'eau, sous le rayon de feu, le long du long chemin,
dans la poudre mordante
Languissait vainement, méprisé des meilleurs, il courbe les humains et
lui seul est debout.

Ces vers sont absolument inusités, et c'est un préjugé constant qu'on ne doit jamais dépasser l'alexandrin qui implique la plus longue durée du souffle. A cela il suffit de répondre que le vers hexamètre varie de 12 à 18 syllabes et qu'en espagnol le vers de 14 syllabes est aussi usité que celui de 12.

Tous ces vers, pour bien se balancer, doivent être *bicésurés*, même le vers de 24 syllabes doit se diviser en quatre parties. Les césures doivent être très marquées ; celle romantique ne doit y être presque pas employée ; il leur faut une grande vigueur de forme, ou la cadence ne se sentirait plus.

D'un autre côté, comme les rimes sont éloignées déjà beaucoup par la longueur des vers, il faut employer, autant que possible, des rimes plates, et non des rimes croisées ; bien mieux, il faut cumuler les rimes afin de les rendre sensibles à l'oreille qui attend ainsi leur retour.

D'autres règles se dégageraient de l'emploi plus fréquent de ces vers.

Il faut pourtant reconnaître que par l'éloignement de la rime, qui constitue l'élément essentiel du vers français, ces vers se rapprochent davantage de la prose que les autres. On pourrait faire des vers encore plus longs que celui de 24 syllabes, car il n'existe en rien de limites fixes naturelles, mais ces vers, qui pourraient être très bien cadencés par des césures bien distribuées, tendraient de plus en plus, par l'éloignement des rimes, à devenir de la prose, et finiraient par se confondre avec elle. C'est un des points par lesquels la versification confine à la prose rythmée ; nous verrons bientôt quels sont les autres points.

10° Enfin le mode mineur se constitue ou plutôt s'accentue par *le cumul de ces divers moyens*. C'est ainsi que le vers de 9 syllabes, par exemple, peut être composé en ternaires, et en rimes seulement masculines ; le caractère mineur devient alors très sombre :

> Le soleil s'est éteint dans les cieux,
> Le regard s'est éteint dans les yeux,
> L'univers a vécu, se fait vieux.

C'est ainsi que le vers de 11 syllabes peut former des stances en ternaire.

> Sans parler elle disait de son regard :
> Je suis belle, et belle à toi, belle sans fard,
> Vite viens, viens me cueillir, et sans retard.

> Car la mort guette dans l'air chaque fleur rare,
> Elle coupe avec plaisir, elle sépare,
> Le vent vient, le vent du nord, sans crier gare.

Le vers alexandrin bicésuré peut être tout en rimes masculines ou tout en rimes féminines.

Il y a nombre d'autres combinaisons possibles ; elles sont toutes importantes et destinées chacune à exprimer une nuance nouvelle du sentiment.

Le vers alexandrin, par exemple, bicésuré, constitué entièrement en rimes masculines et rangé en ternaire, aurait une *grande puissance sensationnelle*.

Tel est l'*effet psychique du mode mineur*, tels sont les diverses causes de ce mode à peine connu aujourd'hui, seulement entrevu. Nous n'avons voulu que l'indiquer, le prouver.

Il existe bien deux sortes de poésies très distinctes, à la fois au point de vue rythmique et au point de vue psychique, par une mystérieuse concordance entre ces deux points de vue. De ces deux sortes, l'une est très ancienne, longtemps unique, destinée à rester toujours principale, suffisante pour rendre les sensations, les sentiments, les pensées normales, bien équilibrées, à plein développement, à large et entière oscillation, et que rien ne peut amoindrir ; l'autre est récente, longtemps ignorée, destinée à rester toujours exceptionnelle, capable de rendre seulement certaines sensations, heurtées, inachevées, à demi-oscillation, correspondant à la fois à certaines époques de l'évolution humaine, à certains états d'âme troublés, à des sentiments très complexes. Est-ce à dire que cette seconde sorte ne soit qu'un mal nécessaire comme les objets qu'elle exprime ? Nullement ; de tristesses nouvelles naissent des beautés esthétiques nouvelles ; ainsi en botanique les espèces recherchées et ornementales des fleurs s'obtiennent par le *trouble de leur génération naturelle*, par des *créations hybrides* ; cependant faut-il arracher de nos jardins ces splendides variétés ? Il en est de même dans l'art : à côté des *couleurs franches* se trouvent les *teintes très nuancées*, à côté des thèmes en mode majeur ceux en mode mineur. Le mérite suprême serait de les alterner, de passer de la fleur du jardin à celle des champs et de celle-ci à celle-là, de la nature dans sa tranquillité, de la flore presque impassible, à la faune dans son trouble, à l'homme dans son anxiété. Le mode majeur dans lequel se sont réalisés les chefs-d'œuvre de la poésie, restera, nous le répétons, *le mode par excellence*, et en introduisant le mode mineur nous ne diminuons en rien le premier ; mais le mode mineur ouvrira de nouvelles possibilités à la poésie, elle fera sien un domaine spécial qu'avec le mode majeur et classique on ne peut atteindre.

Il nous reste à observer dans un appendice un instrument de poésie qui, prenant pour point de départ une versification en mode mineur, nous conduit à la prose poétique ; c'est celui de la *prose rythmée*.

APPENDICE

DE LA PROSE RYTHMÉE.

Nous entendons par prose rythmée, non point une prose plus ou moins cadencée, plus ou moins harmonieuse, laquelle n'est poétique que *psychiquement* par les sentiments qu'elle exprime, et irrégulièrement par les périodes nombrées qu'elle contient çà et là, mais un *instrument précis*, ayant quelques-unes des qualités de la versification, quelques-unes de celles de la prose, réunissant leurs avantages, mais, par contre, ne possédant aucun d'eux d'une manière aussi intense.

L'avantage suprême de la versification est de condenser le sentiment, de le resserrer dans d'étroites limites, de lui imposer même des barrières qui le font saillir davantage, et d'associer le son lui-même, par sa sensation toute physique, à l'expression de la sensation morale ; enfin de couper les élans du sentiment ou de la pensée, de manière à leur conserver cette forme courte, interjective, cette parité avec le cri que l'état primitif et l'état naturel de l'homme réclament de temps en temps impérieusement. Mais l'état d'âme, pour faire ou pour lire la poésie ainsi exprimée, n'est pas normal, le lyrisme n'est pas à jet continu, il perd de sa force en se prolongeant. D'autre côté, l'inconvénient de cet instrument, c'est, par l'absence de longues périodes, par le rejet des incidentes, de ne pas assez nuancer l'impression au moment où elle se développe, de peindre par petits coups et sur une petite toile, de ne pas laisser libres toutes les idées à exprimer, de les enfermer dans un champ à peu près circonscrit. Ainsi, le penseur, l'esthéticien, le psychologue, qui s'accommodent si bien du roman, s'accommodent-ils mal du vers ; ils brisent les liens. Le lecteur fait de même, et si le goût du public ne s'applique plus à la poésie, cela tient beaucoup à cet état d'esprit complexe et en même temps résolu à aboutir qui va droit au but, se dégage des entraves pour penser et sentir, ou qui, s'il s'attarde en chemin, le fait en suivant les détours qu'il veut, plus ou moins longs, sans mesure prise d'avance. En un mot, une certaine indépendance d'esprit et de sentiments fait qu'on est avide de leur expression directe et exacte, expression qui n'est souvent possible qu'avec la libre allure de la prose.

L'avantage suprême de la prose, c'est la clarté, la netteté, et enfin l'expression à volonté par tous les moyens possibles de l'expression. Un psychologue, en prose, ira toujours plus profondément qu'en poésie ; pour une pensée extrêmement nuancée, il faut une grande liberté de formes. Mais la prose a cet inconvénient de ne pas frapper autant la mémoire, de ne pas posséder ce *leit motiv* perpétuel de la rime, si puissant sur le cœur, de ne point recevoir cette compression qui donne seule l'intensité.

N'est-il pas possible de réunir ces deux avantages, celui de la prose et celui du vers ? Non, d'une manière absolue. En se réunissant, ils s'affaiblissent. Mais ils forment un genre qui réunit un peu les deux, qui donne une impression différente, hybride, inconnue jusque-là, et qui n'est pas sans charme.

Il s'agira pour l'obtenir de donner plus de liberté au vers, non par les licences poétiques qui n'ont que le but d'éviter les difficultés techniques, mais par des modes différents, en privant, par exemple, le vers d'un de ses seuls éléments, en lui continuant tous les autres.

Nous avons, dans d'autres études, parlé de l'*école décadente* ; c'est le lieu d'y revenir ici. Dans le décadentisme, comme dans toutes les choses nouvelles et mal définies, il y a des éléments divers, même contraires, qu'il faut distinguer avec soin.

Certains décadents, et ce sont ceux dont nous avons si énergiquement blâmé les principes, s'efforcent de *convertir la poésie en musique*. Pour ce, ils ne recherchent dans le vers que des *effets de mélodie*, faisant bon marché de la signification des phrases et même des mots. Il en résulte que leurs vers sont souvent harmonieux, mais toujours inintelligibles. Ils affectent le *néologisme* à outrance, parce qu'il leur fournit ces mots harmonieux qu'ils cherchent et qui manquent à la langue vulgaire.

Leur erreur, qui consiste à confondre la poésie avec la musique, est essentielle ; musique et poésie sont deux arts différents, et l'*indépendance respective des arts est un fondement de l'esthétique*, comme l'indépendance respective des sciences est une base de la science.

Mais il est d'autres décadents dont la doctrine mérite d'être prise en plus de considération. Rejetant les tendances un peu *déclamatoires* que le vers romantique partage avec le vers classique, et le vers parnassien avec le vers romantique, ils voudraient arriver à une description plus intime, plus familière, plus vraie des sensations soit patentes, soit latentes ; aussi expriment-ils souvent une de ces sensations, non par un vers, mais par un mot seul, artistiquement choisi ; ils se livrent à l'analyse profonde, psychologique, se gardant de rien trop faire éclater au dehors ; au lieu de couleurs crues, emploient des teintes et des demi-teintes et des mélanges infinis de couleurs ; la césure les gêne dans cette expression fidèle qui moule les impressions, qui contourne les formes, ils s'en passent, le vers est trop étroit, ils finissent au delà, quelquefois ils l'allongent quand la pensée s'étend, ils le retrécissent quand elle se rétrécit ; la rime obéit à leurs besoins, elle s'accumule ou se raréfie ; elle devient riche ou simplement assonante ; la pensée est partout maîtresse, et l'instrument employé n'est plus de la versification proprement dite, ce n'est pourtant pas de la prose, mais un produit tout nouveau.

Nous ne pouvons mieux expliquer cette idée qu'en citant quelques vers de Verlaine et de Rodenbach.

> Car nous voulons la nuance encore,
> Pas la couleur, rien que la nuance !

Ainsi parle le chef de l'école décadente, et c'est le principe que nous approuvons, mais comme caractéristique de ce que nous appelons la *prose rythmée*.

> De la musique avant toute chose.
> Rien de plus cher que la chanson grise
> Où l'indécis au précis se joint ;
> De la musique encor et toujours.

C'est un autre principe, ou plutôt deux autres principes du même, que nous blâmons.

> Prends l'éloquence et tords-lui son cou.

A son tour voici un principe vrai que nous approuvons : corriger l'habitude déclamatoire de la poésie.

Voilà pour le *programme*. Ne retenons que celui de ces principes que nous approuvons, et voyons-en l'application faite.

> Dans quelque ville morte au bord de l'eau vivote
> La tristesse de la vieillesse des maisons
> A genoux dans l'eau froide et comme en oraisons,
> Car les vieilles maisons ont l'allure dévote.
>
> (RODENBACH).

Jusqu'ici la forme poétique est intacte, mais le caractère de cette poésie se détache nettement ; l'effet euphonique et oratoire est évité ; on cherche la description directe pour soi, pour sa propre réminiscence ; ici et là la forme de la prose perce : *la tristesse de la vieillesse des maisons*, c'est exprimer un sentiment exact et d'une manière concise : la tristesse des vieilles maisons n'aurait pas la même précision, la même nuance, mais aussi pour cela il a fallu briser le cadre du vers ; plus de césure, ou bien une césure purement psychologique, et d'ailleurs irrégulière, c'est de la poésie, mais celle que la psychologie du roman suffit pour donner. C'est une photographie, où l'objet apparaît dans son aspect concret, tandis que la poésie ordinaire abstrait et subjectivise toujours plus ou moins.

> Les jours sont arrivés, où dans l'âme il a plu
> En une pluie interminable et monotone,
> L'âme souffrante a son équinoxe d'automne.

Même effet psychique qui conduit dans le second et le troisième vers à la suppression de la césure ; la pensée l'a emporté sur le rythme ou plutôt se crée un rythme propre incessant : les mots *interminable* et *monotone* formaient un tout psychique qu'on ne pouvait diviser, et la césure est sacrifiée.

Dans ce but Verlaine laisse rimer un mot avec lui-même.

Nous avons voulu ici indiquer seulement en quoi le système décadent peut se justifier, non dans toutes, mais dans quelques-unes de ses théories, et à quelle impulsion il obéit sans le savoir. Certains de ses vers ne sont point des vers, mais de la *prose rythmée*, et peuvent s'approuver comme tels

La prose rythmée, en effet, a ses avantages spéciaux que nous avons indiqués.

Mais quand y a-t-il prose rythmée ?

Lorsqu'un des éléments ou plusieurs des éléments qu'une versification exige pour la production du vers viennent à manquer, mais que les autres éléments sont conservés. Avec ce *criterium* il sera facile de trouver les cas où un texte est en prose rythmée.

Ce sont les suivants :

1° *Inégalité de longueur des vers symétriques dans un poème, ou vers libres.*

Deux vers sont *symétriques*, qu'ils se suivent ou non, lorsqu'ils riment ensemble, lorsqu'ils sont de la même longueur et divisés par la même césure.

Hé bien ! deux vers peuvent rimer ensemble et être de longueur différente, par conséquent aussi de césures différentes ; bien plus, tous les vers d'un poème peuvent être ainsi conçus, ou les uns symétriques, les autres asymétriques de cette façon, irrégulièrement.

C'est ce qu'on appelle *le vers libre,* vers très favorable pour la narration ; les rimes y sont aussi souvent très relâchées. Tel est le rythme des fables de Lafontaine.

Il en résulte un *mouvement varié*. En effet, le mouvement dépend de la longueur du vers, et cette longueur varie à chaque instant.

Ce vers est compté d'ordinaire comme un véritable vers, et il est aisé de sentir que l'impression en est tout autre, et s'approche beaucoup de celle causée par une prose harmonieuse.

Il ne faut pas confondre avec ce rythme le changement de rythme dans le cours d'une pièce de vers. Il est possible, par exemple, que le commencement en soit en octosyllabes, qu'elle continue en alexandrins, qu'elle soit tantôt strophique et en rimes croisées, tantôt astrophique et à rimes plates. Alors le poème contient, en réalité, plusieurs parties, chaque partie conserve un rythme uniforme.

Mais au contraire, il faut rapprocher de ce cas celui où le poème est divisé en strophes, mais où chaque strophe contient un nombre inégal de vers ; il en résulte une asymétrie, et cette asymétrie fait dégénérer en prose rythmée.

D'autre côté, il n'y a pas prose rythmée, mais vers véritable, quand dans la strophe les vers sont inégaux, mais ce dessin rythmique est exactement reproduit dans la strophe suivante. Alors la symétrie existe de strophe à strophe, et cela suffit.

2° *Suppression de la rime dans les versifications où la rime est un élément essentiel.*

Dans certaines versifications la rime n'existe pas, dans d'autres elle est facultative ; dans ces dernières le vers blanc n'en est pas moins un vers. Mais en français le vers blanc n'est plus un vers véritable, c'est de la prose rythmée. C'est un vers auquel un seul élément manque, mais un élément essentiel.

Ce genre de prose rythmée peut produire de bons résultats, il peut exprimer certains sentiments où le trouble est plus profond que quand il s'agit d'employer simplement le mode mineur, l'absence de la rime est parallèle à ce trouble.

Mais il a un emploi plus fréquent et plus pratique ; il convient parfaitement à traduire les vers d'une langue étrangère. Ce qui fait précisément obstacle à la traduction c'est la rime ; sans elle on pourrait conserver le vers tel qu'il est, avec les mêmes coupures rythmiques de pensée, avec même les coupures rythmiques et les oscillations de la phrase. C'est ce qu'on obtient avec le vers non rimé.

Il faut faire attention qu'aucun autre élément ne manque ; ainsi, par exemple, on gardera un nombre de syllabes partout égal, les césures aux mêmes endroits, et de plus l'alternance ordinaire des terminaisons masculines et féminines.

Voici un exemple de ce vers :

> Et l'homme a tout laissé pendre parmi l'abime,
> Son corps et sa pensée ; il a le vide au front,
> Il a cargué sa vie, et le battement même
> De son cœur par instant cesse par son effort.
>
> Il flotte, il flottera jusqu'à l'heure dernière,
> Et quand la mer enfin aura pitié de lui,
> Elle renversera dans sa miséricorde
> D'un souffle le vivant achevant de mourir.

Nous ne pouvons approuver qu'on supprime à la fois la rime et le nombre fixe des syllabes, car alors il ne reste plus rien du vers ; ce n'est plus de la prose rythmée, mais de la prose pure et simple, quels que soient les artifices d'assonances irrégulières, d'euphonie ou autres qu'on emploie. La versification apparente ne résulte que de la séparation des lignes, elle se réduit à une question typographique, et d'illusion pour l'œil.

3° *Suppression de toute césure.*

Il est possible dans le vers constitué pareillement de supprimer toute césure. Alors le vers n'a aucun repos pendant son cours et se hâte vers sa fin. De plus il marche sans support ; il en résulte une certaine hardiesse de forme qui ne messied pas toujours. Nous concevons même cette sorte de vers entremêlé à d'autres ayant plus d'équilibre, mais toujours à condition que ce ne soit pas un moyen mécanique de faciliter le vers, mais un moyen d'expression d'un mouvement d'une sensation spéciale.

L'absence de toute césure peut donner au vers l'allure d'un objet s'avançant dans le vide, comme celle d'un pont lancé hardiment. Il convient, par conséquent, pour exprimer certains élans audacieux de la pensée, de même qu'en latin l'hexamètre spondaïque exprime les sentiments graves, mais il doit rester exceptionnel comme ce dernier.

4° *Suppression à la fois du nombre fixe des syllabes du vers, et de la césure.*

Ici la suppression est double et le vers descend de plus en plus vers la prose.

C'est la rime seule qui le constitue. Le poète coupe des parties de prose de la longueur qu'il veut, d'une longueur variable et non symétrique ; ces fractions de prose n'ont pas de césure intérieure ; ce qui les individualise, c'est la rime, mais une rime faible qui n'est souvent qu'une assonance.

C'est le système du vers libre que nous avons décrit plus haut, en y ajoutant la suppression de la césure.

On y ajoute aussi très souvent dans les rimes la suppression de la distinction en terminaisons masculines et féminines ; on y supprime aussi la rime pour l'œil, faisant rimer des singuliers avec des pluriels et même des masculins avec des féminins.

C'est sous ce rapport un retour à une prosodie rudimentaire. Mais cette exagération n'est pas de l'essence du système.

Voici des exemples de ces vers.

> Dans ton petit lit
> Dors mon enfant, mon enfant petit,
> Ta mère te sourit,
> Te rit ;
> Ton pauvre père est mort, elle sourit pour toi, mais elle pleure pour lui,
> Son regard luit,
> Puis s'éteint, et c'est le jour et c'est la nuit.

5° *La conversion de la rime en assonance.*

La suppression de la rime partout et son remplacement par l'assonance est encore un instrument de prose rythmée. C'est par l'*assonance* que la versification s'est détachée de la prose, c'est par elle qu'elle y rentre.

6° *La coupure de la prose en versets.*

Enfin, même la rime ou l'assonance qui individualise chaque coupure de la prose peut disparaître, et il ne reste plus qu'une prose à peu près également coupée, ne contenant plus de longues périodes, et par là même se rapprochant du langage primitif. C'est une versification toute psychique que nous avons décrite ailleurs, se fondant sur le *parallélisme* des pensées bien plus que sur l'expression. C'est l'origine même de la versification.

Telle est la *prose rythmée* ; elle est très ancienne et tend à retrouver des modes d'expression dans la versification moderniste. Elle se rapproche du mode mineur dans le vers véritable. Elle a sa raison d'être, ses avantages spéciaux et ne doit pas plus être négligée qu'aucun des genres spéciaux d'art ou de science que nous offre la nature.

VANNES. — IMPRIMERIE LAFOLYE

www.ingramcontent.com/pod-product-compliance
Lightning Source LLC
LaVergne TN
LVHW050613090426
835512LV00008B/1466